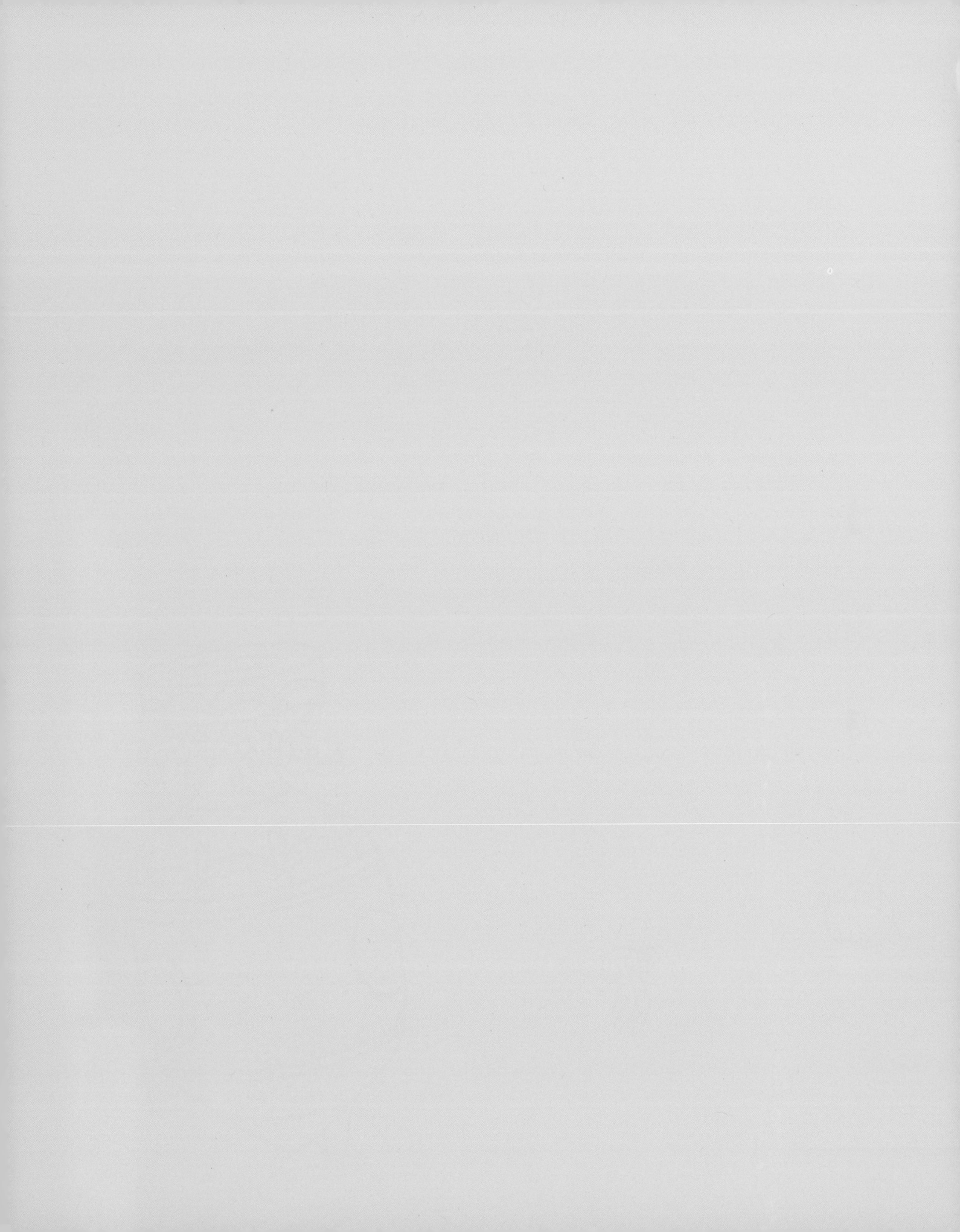

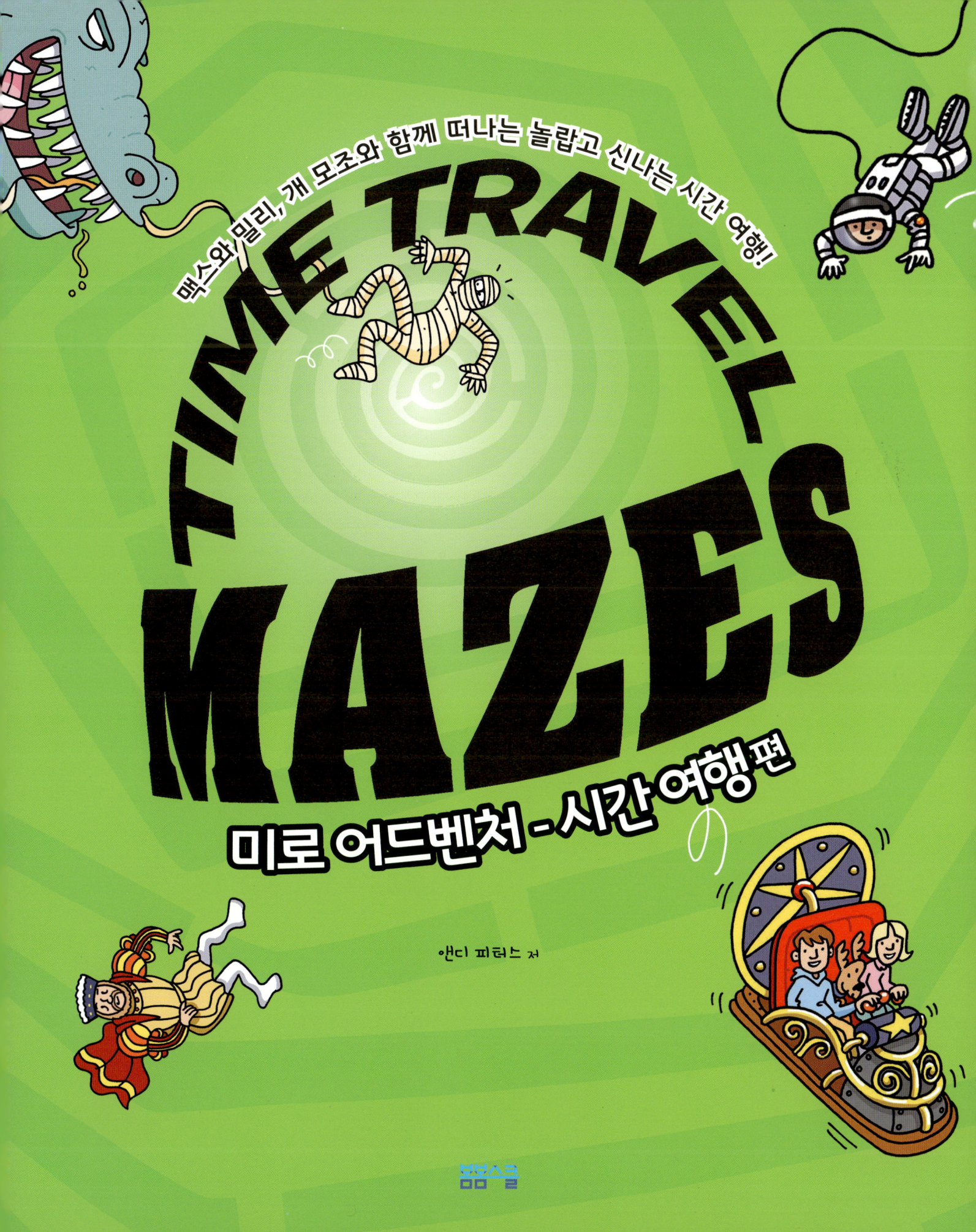

번역: 김시경
서강대학교 국어국문학과를 졸업하였고 한겨레 문화센터 번역작가
과정을 수료하였으며 교육 출판사에서 편집 및 기획을 담당했다.
현재 번역 에이전시 엔터스코리아에서 출판 기획 및
전문 리뷰어와 번역가로 활동하고 있다.

1판 1쇄 인쇄 2014년 5월 30일
1판 1쇄 발행 2014년 6월 05일

저　　자 | 앤디 피터스
역　　자 | 김시경
편　　집 | 엄진섭
디 자 인 | 윤재영, 이은송
경영지원 | 이수열, 이윤경
영　　업 | 윤진호
출　　력 | 달리는 거북이
인　　쇄 | 영창인쇄

발 행 인 | 손호성
펴 낸 곳 | 봄봄스쿨

일 원 화 | 북센

등　　록 | 제 312-2013-000016호
주　　소 | 서울시 마포구 동교동 169-17번지 402호
전　　화 | 070.7535.2958
팩　　스 | 0505.220.2958
e-mail | atmark@argo9.com
Home page | www.facebook.com/bombomschool

ISBN 979-11-85423-12-8 13690

※ 값은 책표지에 표시되어 있습니다.
※ 〈봄봄스쿨〉은 국내 친환경 인증 콩기름 잉크를 사용하여 인쇄합니다.

Time Travel Maze
by Andy Peters
Copyright ⓒ Arcturus Holdings Limited
KOREAN language edition © 2014 by ArgoNine Media Group
KOREAN translation rights arranged through EntersKorea Co., Ltd., Seoul, Korea.

CONTENTS

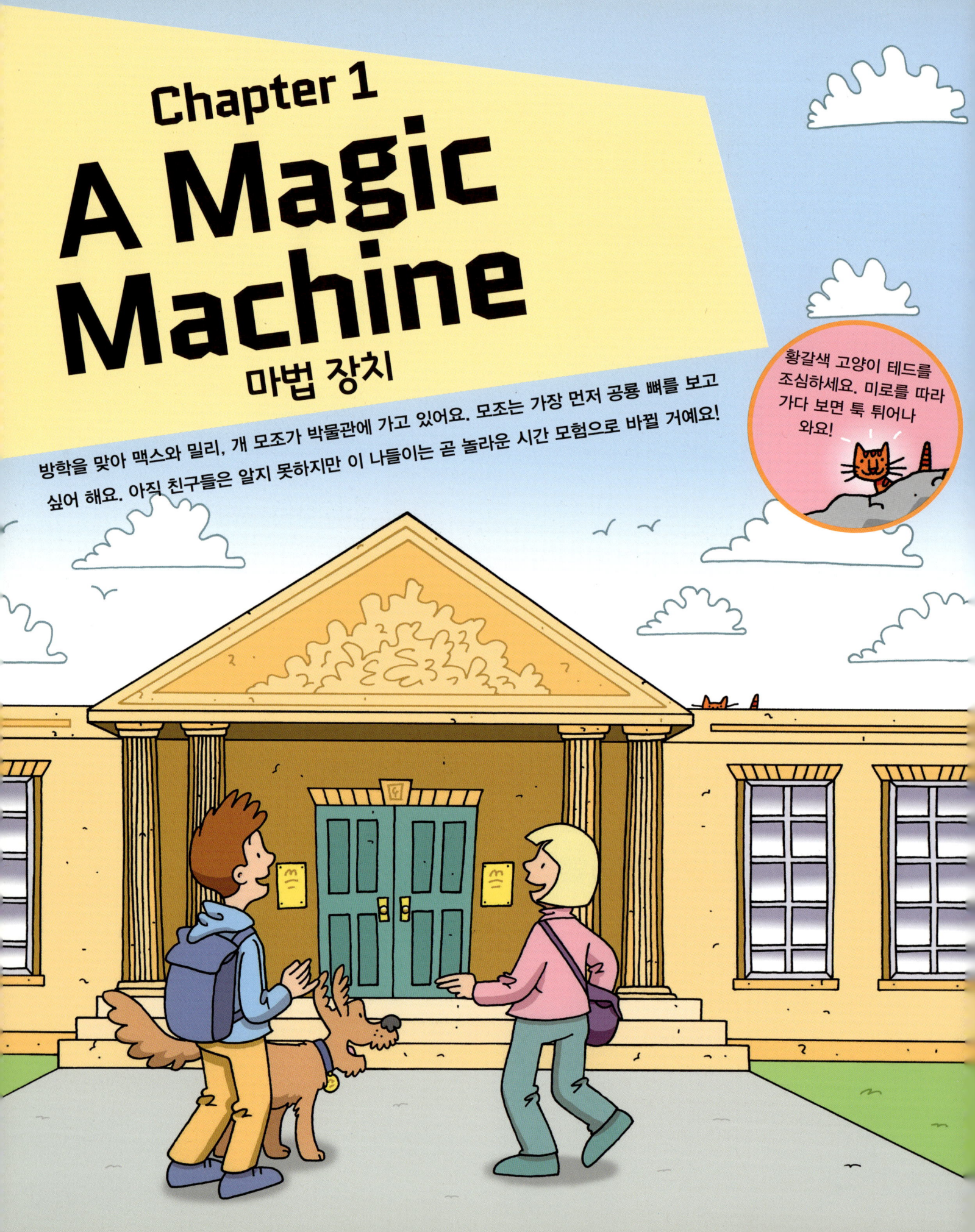

뒤죽박죽 박물관

친구들이 거대한 공룡 화석 사이를 지나가도록 도와주세요. 맥스는 살아 있는 공룡이 보고 싶어졌어요.
진짜 바라는 대로 이루어질지 누가 알겠어요!

찾았나요?

작은 생쥐   거미 2마리   틀니 2개

중세의 광기!

중세 시대의 무시무시한 전시품들 사이를 빠져나가려면 조심해야 할 거예요!
이곳에는 날카로운 칼과 도끼, 단검들이 가득하니까요.

찾았나요?

떨어진 갑옷용 장갑 3개

말 발목 보호대

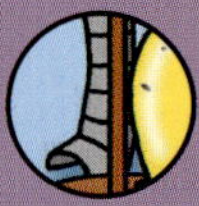

보석으로 장식한 칼 2자루

시간 여행

여기는 과거부터 현재까지 발명된 놀라운 기계들로 가득 찬 방이에요. 그런데 옆방에 있는
알쏭달쏭한 상자는 무엇일까요? 친구들이 상자까지 가는 길을 찾도록 도와주세요.

찾았나요?

떨어진 헬멧 　　　외계인 　　　떨어진 커피 컵 3개

오늘

타임머신

친구들이 다가가자, 갑자기 상자가 열리며 아주 별난 물건이 드러났어요.
진짜 타임머신! 친구들이 빨리 보고 싶어 해요.

찾았나요?

사용
설명서

생쥐
3마리

오늘

조종하기!

맥스와 밀리, 모조가 타임머신이 어떻게 작동되는지 알아내려 해요. 그런데 아주 복잡해요!
제어 장치들을 지나 'ON' 누름쇠까지 가는 길을 찾을 수 있을까요?

찾았나요?

잃어버린
나사돌리개

떨어진 연필
3자루

8

거꾸로 가는 시간

오늘

아, 어떡해요! 맥스와 밀리가 탄 타임머신이 날아올라 빠르게 시간을 지나가고 있어요.
그런데 모조가 그만 비행선에서 떨어졌어요. 모조가 친구들에게 갈 수 있게 도와주세요.

동전 3개   초록색 단추 4개   나사 5개

9

불시착

타임머신이 수천 년이 지난 미래에 불시착했어요. 정말 이상한 곳이에요! 타임머신은 고장이 난 것 같아요. 어쩌면 저기 보이는 커다란 궁전에 타임머신을 고쳐 줄 사람이 있을지 몰라요.

출발

도착

찾았나요?

하늘을 나는 보드    날아가는 자동차 2대    로봇 6대

미래 기술로 고치다

미래 도시의 여왕은 아주 친절해서 기쁜 마음으로 친구들을 도와주었어요. 친구들이 궁전 작업장을 지나 로봇이 비행선을 고치고 있는 곳까지 갈 수 있게 길을 알려주세요!

찾았나요?

떨어진 스패너    로봇 개 2대    음속 드라이버 4개

Chapter 2
Monster Mayhem
괴물 대소동

타임머신이 다시 작동하기 시작했지만 친구들을 다시 현재로 보내줄 제어 장치가 고장이 나버렸어요. 이제 친구들은 미래로 가거나 과거로 가는 수밖에 없어요. 친구들은 과거로 가기로 결정했어요. 어쩌면 제어 장치를 고쳐 줄 사람을 만날 수도 있고, 가는 길에 모험을 조금 할지도 모르지요!

양치식물이 무성한 숲

맥스와 밀리, 개 모조가 탄 타임머신은 덥고 습기가 많은 숲에 착륙했어요.
친구들은 어느 시대, 어느 곳에 와 있는 걸까요? 드디어 탐험할 시간이 되었어요.
친구들이 양치식물들 사이를 지나 정글 속 빈 터로 나갈 수 있게 도와주세요.

출발점

찾았나요?

도착

새 둥지   호박벌 3마리   파란색 깃털 3개

7천만 년 전

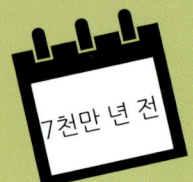

풀을 뜯는 거구들

빈 터에는 점심을 먹고 있는 거대한 공룡들로 가득 차 있어요! 맥스와 밀리, 모조가 우적우적 풀을 씹고 있는 디플로도쿠스들 사이로 지나갈 수 있게 길을 알려주세요.

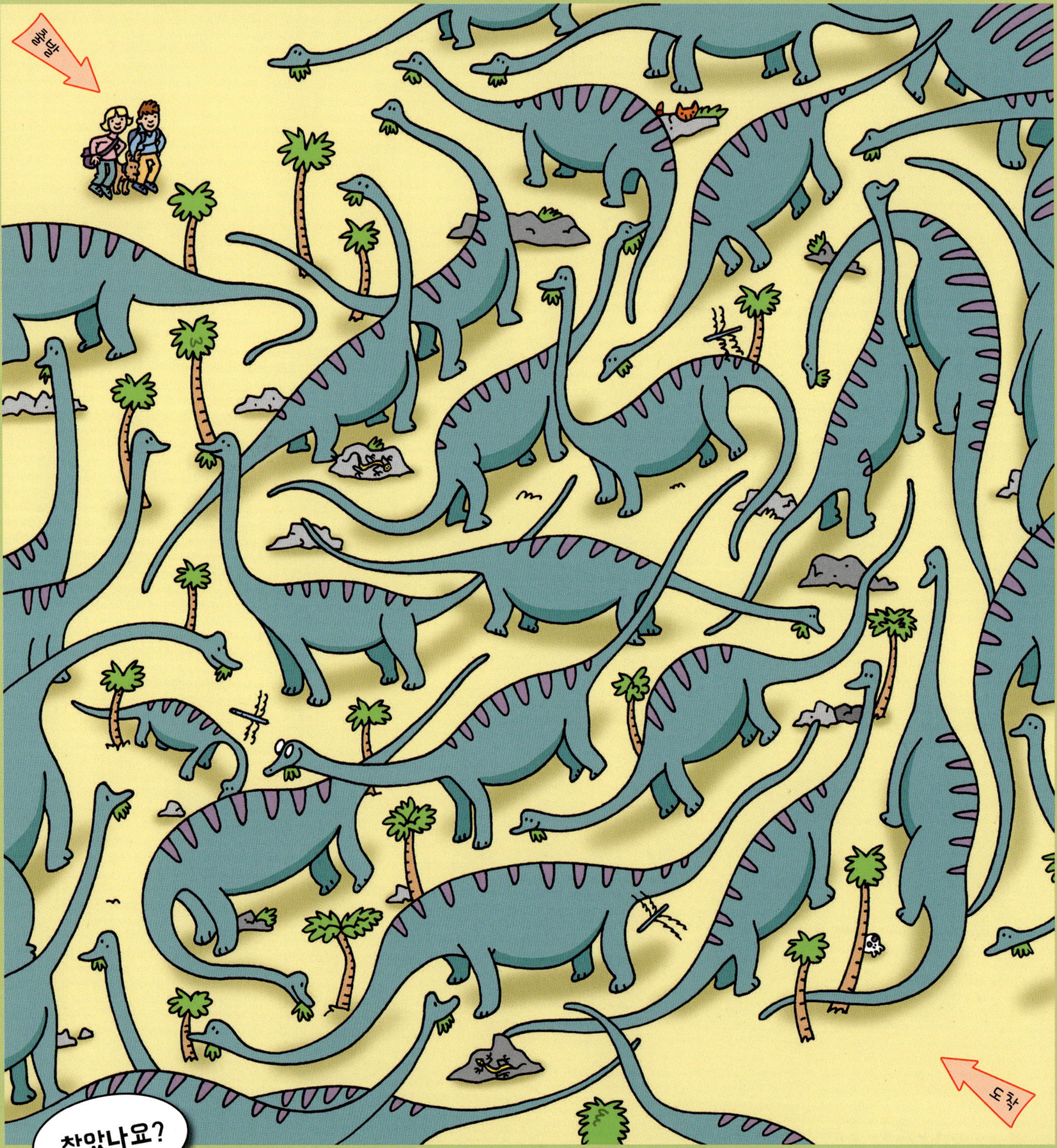

찾았나요?

해골 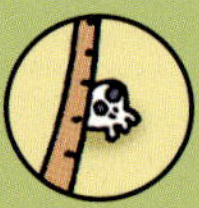

노란색 도마뱀 2마리 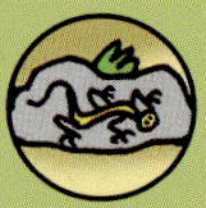

잠자리 3마리 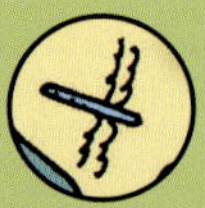

우르르 몰려오다!

작은 공룡들이 사나운 알로사우루스들에게 쫓기고 있어요. 맥스와 밀리,
모조는 미친 듯이 몰려오는 공룡 무리 사이로 길을 찾을 수 있을까요?

찾았나요?

운석　　　　　　깨진 공룡 알 2개　　　　　　공룡 이빨 3개

공룡을 피해라

공룡들이 여기저기에 있어요! 공룡들의 저녁거리가 되지 않으려면 다른 시대로 가야 할 거예요.
친구들이 서로 싸우는 있는 공룡들 사이로 살금살금 들키지 않고 지나가게 도와주세요.

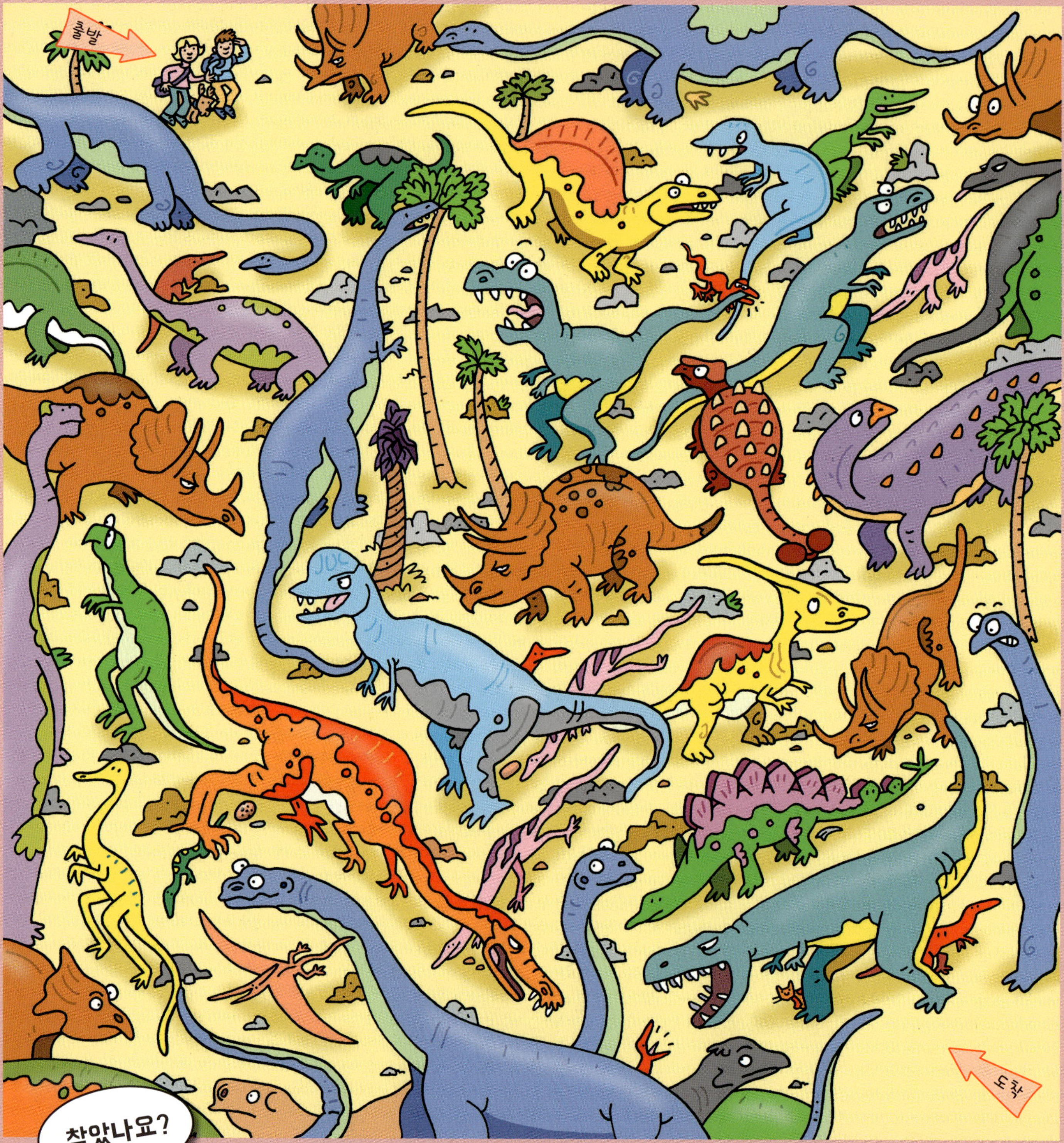

찾았나요?

공룡 발톱 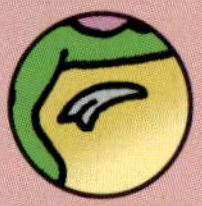　　　공룡 알 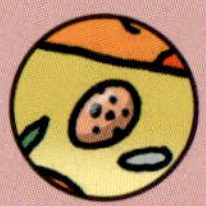　　　공룡 발자국

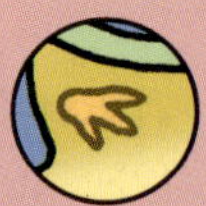

진흙 목욕

맥스와 밀리, 모조가 질척질척한 늪에 빠졌어요. 그런데 늪 건너편에 타임머신이 보여요!
이곳을 빠져나가기 위해 헤엄을 쳐야 할 시간이에요.

출발

도착

찾았나요?

자주색 거북 2마리   매끌매끌한 뱀 3마리   공룡 발자국 3개

17

행진하는 매머드

타임머신이 시간을 조금 더 앞으로 돌려 우리 친구들을 빙하기로 데려갔어요. 친구들이
어마어마하게 떼를 지어 행진하는 매머드들 사이로 지나가게 도와주세요.

출발

도착

찾았나요?

검치호랑이    털북숭이 코뿔소    눈송이 5개

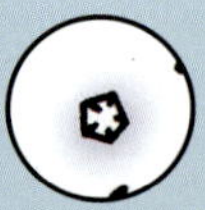

18

동굴벽화

부르르 떨리고 추워요! 친구들이 따뜻한 곳을 찾아 동굴 안으로 들어갔어요. 벽화들 사이를 지나
타임머신이 기다리고 있는 입구까지 길을 따라갈 수 있나요?

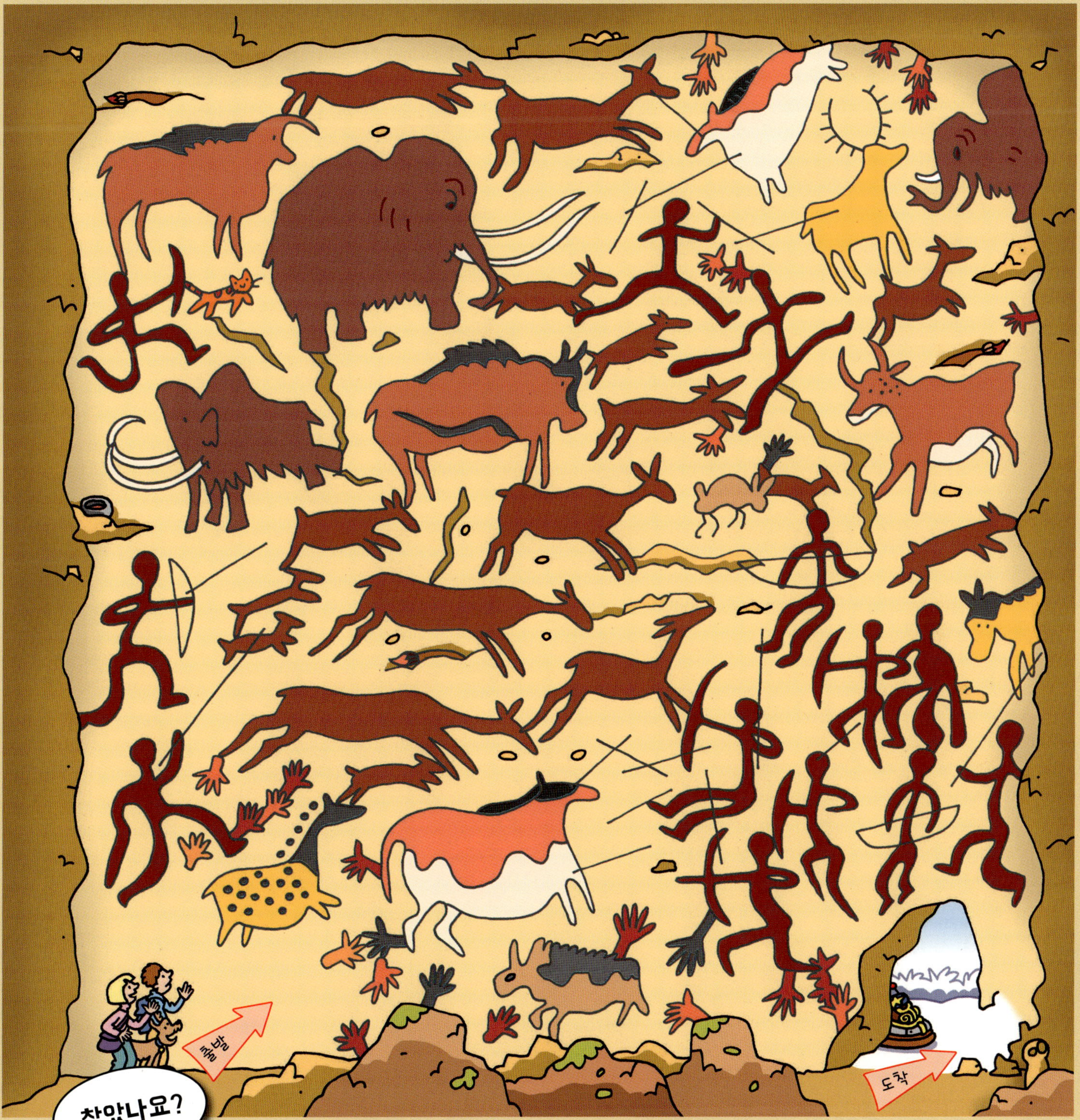

찾았나요?

괴상한 조각상 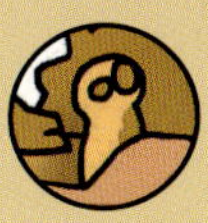   물감 그릇   붓 3개

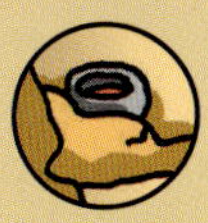

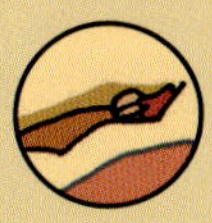

늘어선 거석들

여기는 석기시대가 틀림없어요. 저기 석기시대 사람들이 있어요! 어쩌면 그들 가운데 누군가
친구들을 도울 수 있을 거예요. 거대한 석조물들을 지나 길을 찾을 수 있나요?

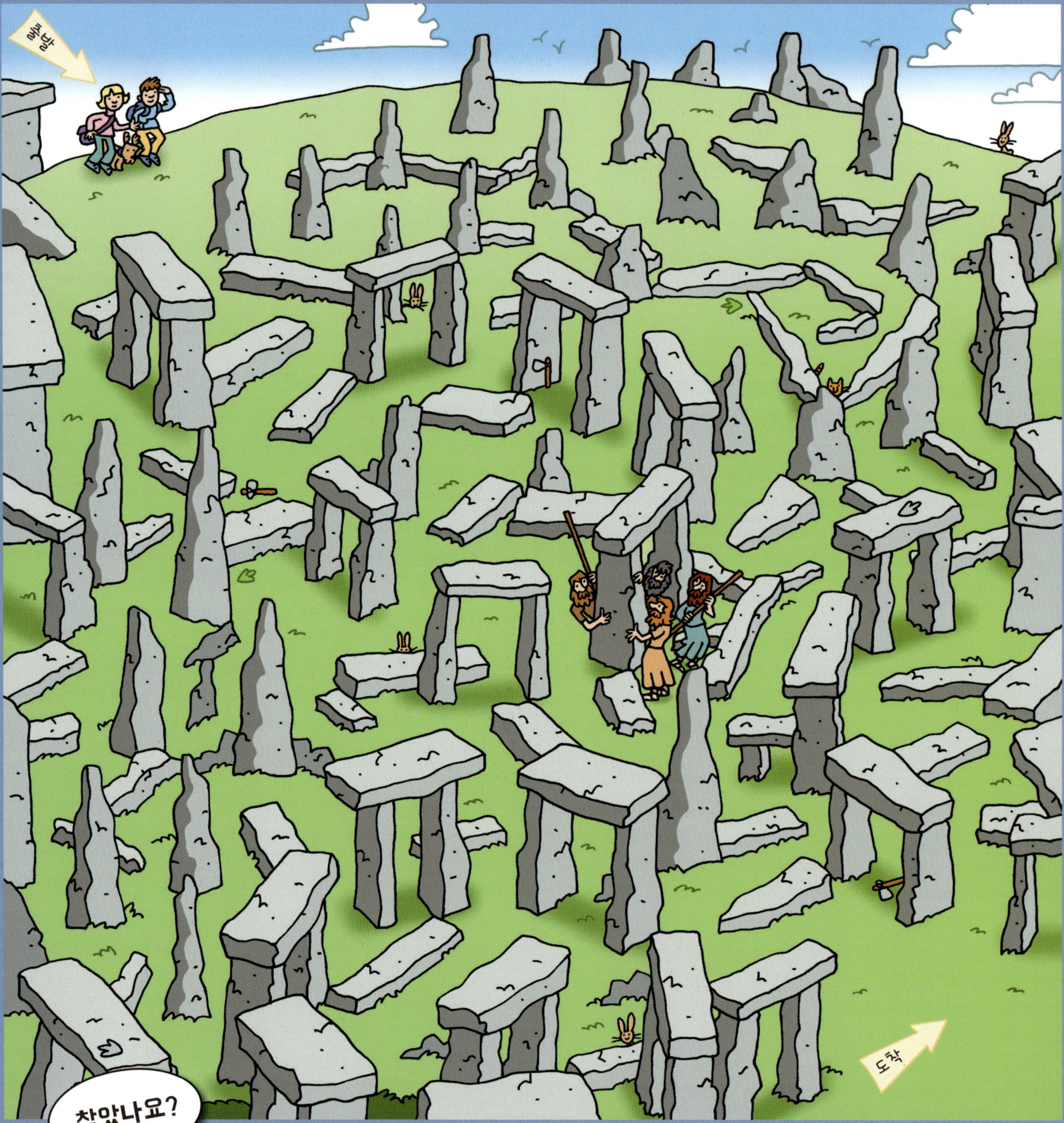

찾았나요?

도끼 3개   화살촉 4개   토끼 4마리

등고선 그리기

모조가 지금 둥그스름한 무덤 꼭대기에서 꼼짝 못하고 있어요.
모조가 밑에 있는 친구들과 다시 만나게 도와주세요.

찾았나요?

해골
2개

족제비
3마리

농장에서

맥스와 밀리, 모조가 농장에 다다랐어요. 농부들은 강 건너편에 사는 촌장이 도와줄지
모른다고 생각해요. 친구들이 밭을 지나 배까지 갈 수 있게 길을 알려주세요.

찾았나요?

까마귀
3마리

바구니
3개

기원전
2500년

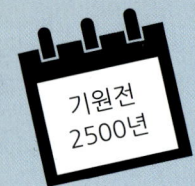

강 아래로

친구들이 카누를 저어 물살이 빠른 강을 건너갈 수 있게 도와주세요.
물 위로 뛰어오르는 물고기를 조심하세요!

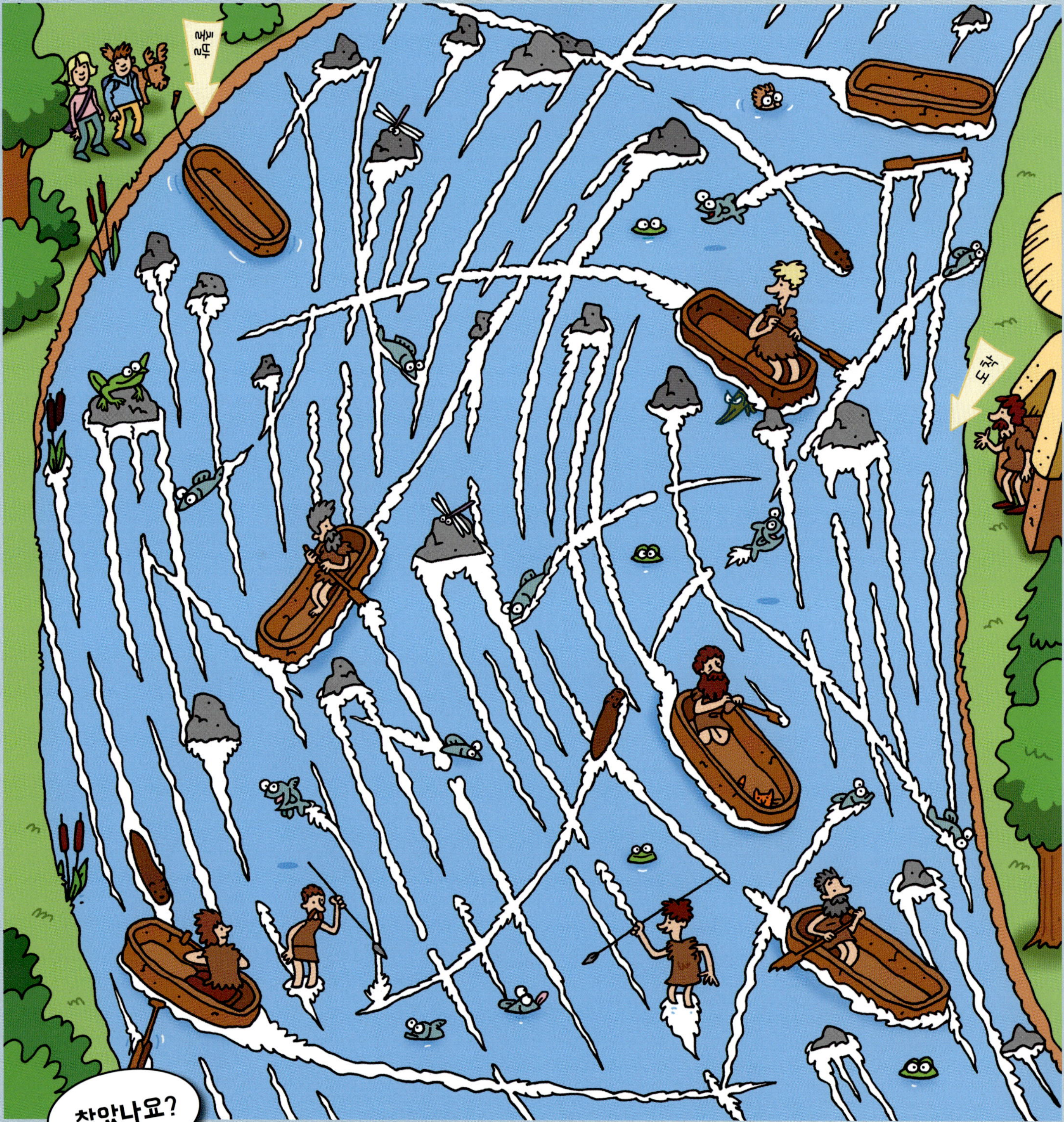

찾았나요?

사납게 생긴 강꼬치고기 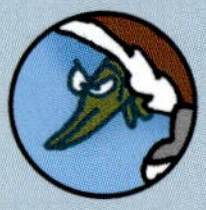

떨어진 노 2개 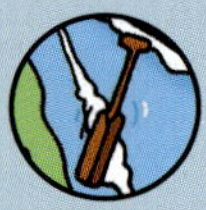

수달 3마리 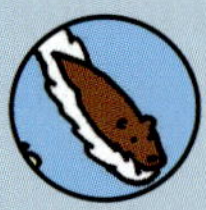

마을 생활

맥스와 밀리, 모조는 많은 오두막집들을 지나 촌장이 기다리고 있는 곳까지 가는 길을 찾아야 해요.

찾았나요?

냄비　　　돼지　　　돌도끼 3개

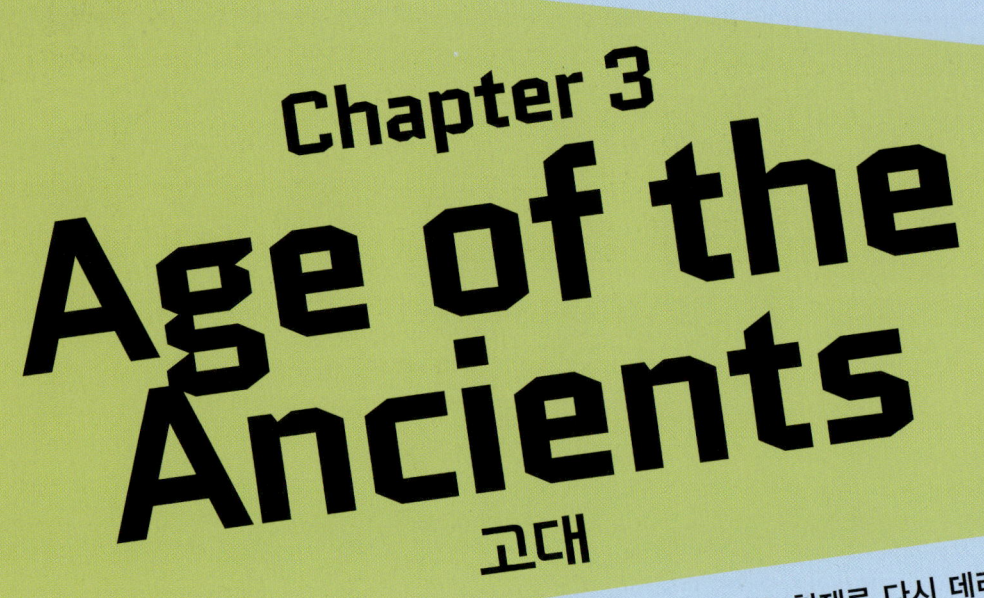

Chapter 3
Age of the Ancients
고대

촌장이 친구들에게 마법 부적을 주었어요. 마법 부적이 친구들을 현재로 다시 데려다 줄지도 몰라요. 친구들이 부적을 한 번 쓱 문지르고 타임머신의 제어 장치를 조정해요.

친구들은 어디로 가게 될까요?

파라오의 땅

여기는 현재가 아니에요! 미래로 가기는 했지만 이제 겨우 고대 이집트에 왔을 뿐이에요. 친구들이 피라미드를 기어올라 파라오를 만나게 도와주세요. 파라오는 분명히 친구들에게 도움을 줄 수 있을 거예요.

기원전 2000년

도착

출발

찾았나요?

스핑크스    불길한 새 3마리    오벨리스크 3개

피라미드의 상형문자

파라오는 친구들에게 피라미드 안으로 들어가 상형문자로 쓴 글을 보라고 말했어요.
우와! 친구들에 관한 이야기인가 봐요. 끝까지 가서 무슨 일이 일어날지 알아낼 수 있나요?

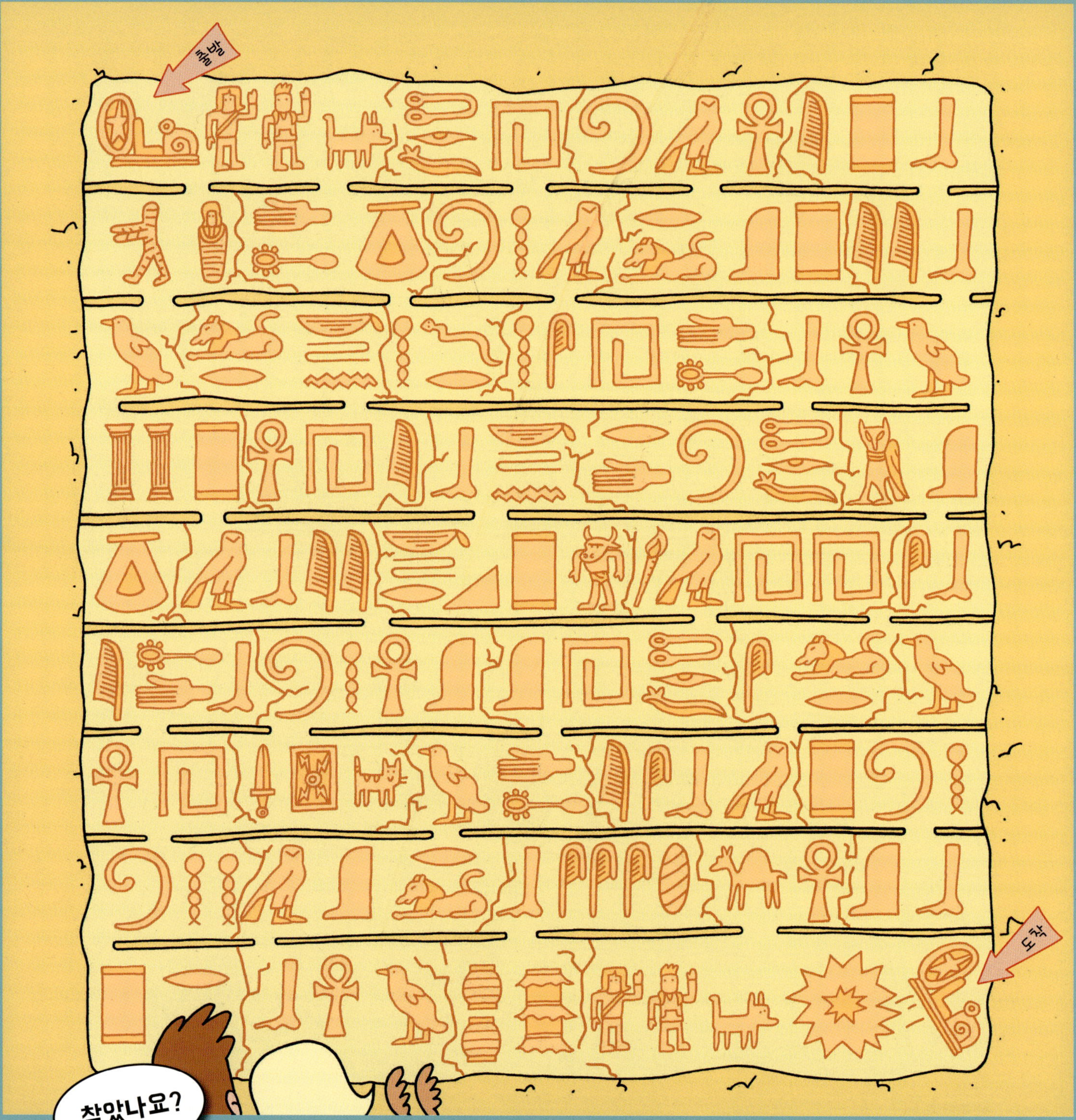

찾았나요?

뱀 그림

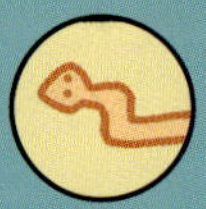

사자 그림 4개

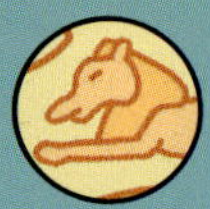

손 그림 5개

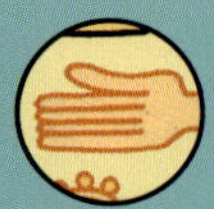

춤추는 미라

친구들이 타임머신으로 돌아가야 다른 시대로 여행을 떠날 수 있어요. 그러려면 먼저 춤추는
미라로 가득한 이 방을 빠져나갈 길을 찾아야 해요.

기원전
2000년

출발

도착

찾았나요?

물고기 미라

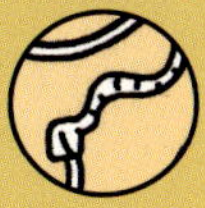

뱀 미라

악어 미라

고대 올림픽

친구들이 시간을 앞으로 돌려 고대 그리스로 갔어요. 그런데 타임머신이 사라져버렸어요! 친구들이
올림픽 경기에 참가한 선수들 사이로 달려 타임머신을 찾을 수 있게 도와주세요.

출발

도착

찾았나요?

트럼펫　　　　　　　　　올림픽 성화　　　　　　　　　원반 4개

제우스 신전

기원전 400년

이곳은 조각상으로 가득 찬 거대한 신전이에요. 우리 친구들은 그리스 신들의 왕인 제우스 상 옆에 있는 신비로운 문까지 가는 길을 찾고 싶어 해요.

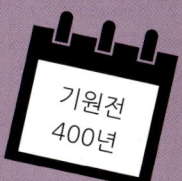

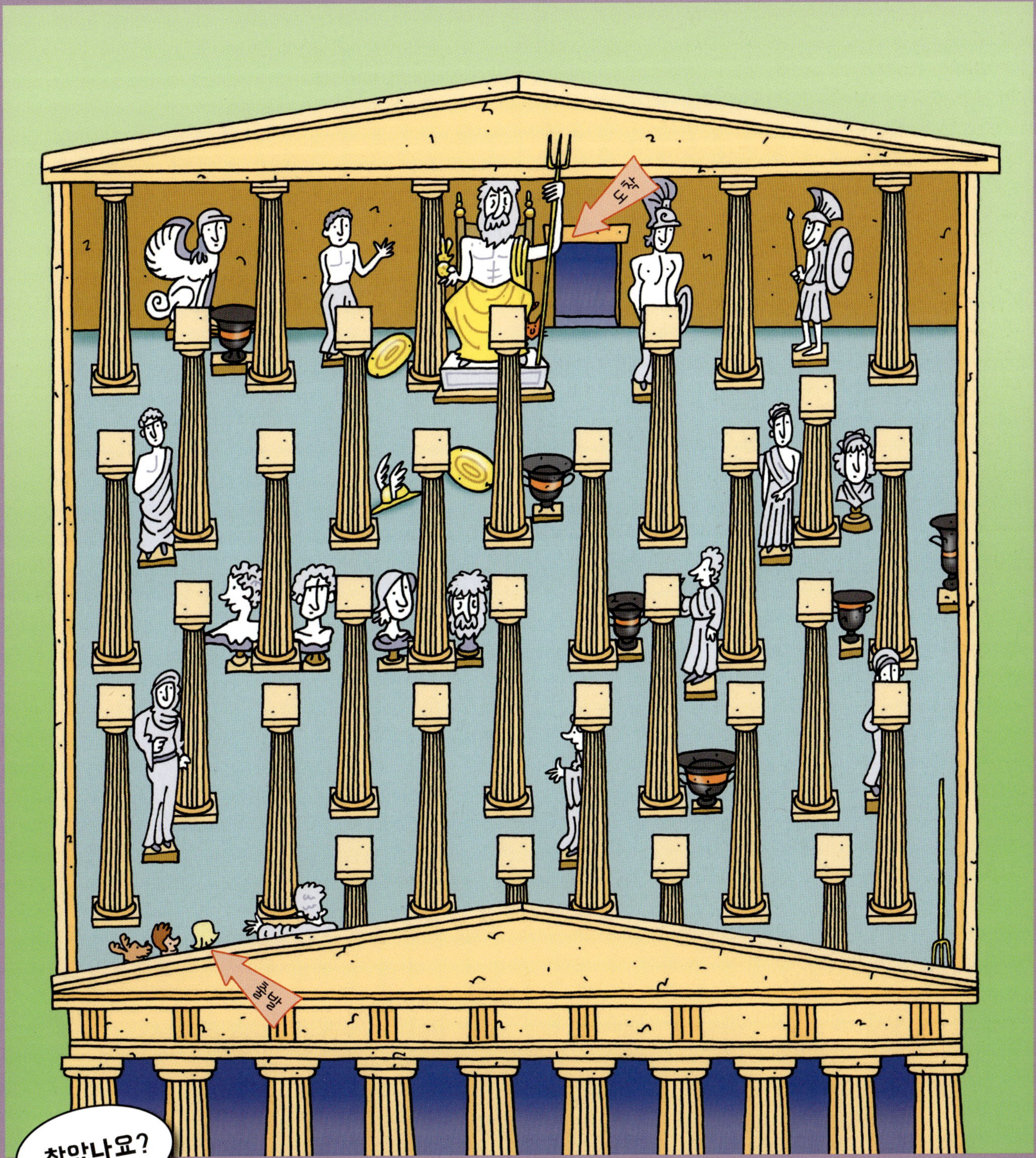

도착
출발

찾았나요?

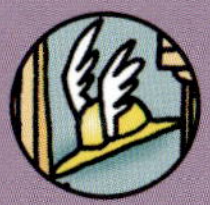

날개 달린 투구

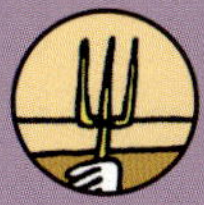

삼지창 2개

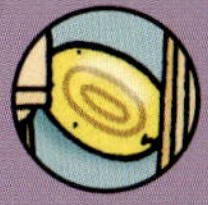

방패 2개

미궁 속으로

기원전 400년

타임머신은 반은 황소, 반은 사람인 무시무시한 괴물 미노타우로스가 훔쳐갔어요.
친구들이 타임머신을 되찾으려면 미궁을 빠져나가는 길을 꼼꼼하게 찾아야 해요.

도착

출발

찾았나요?

실몽당이 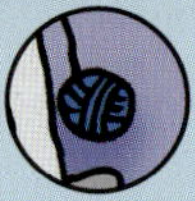   칼 2자루    불타는 횃불 3개

로마 군단

친구들은 지금 고대 로마에 왔어요. 그래서 황제를 찾아 조언을 들어보기로 결정했어요.
그러려면 먼저 행군하고 있는 병사들 사이를 이리저리 누비며 나아가야 해요.

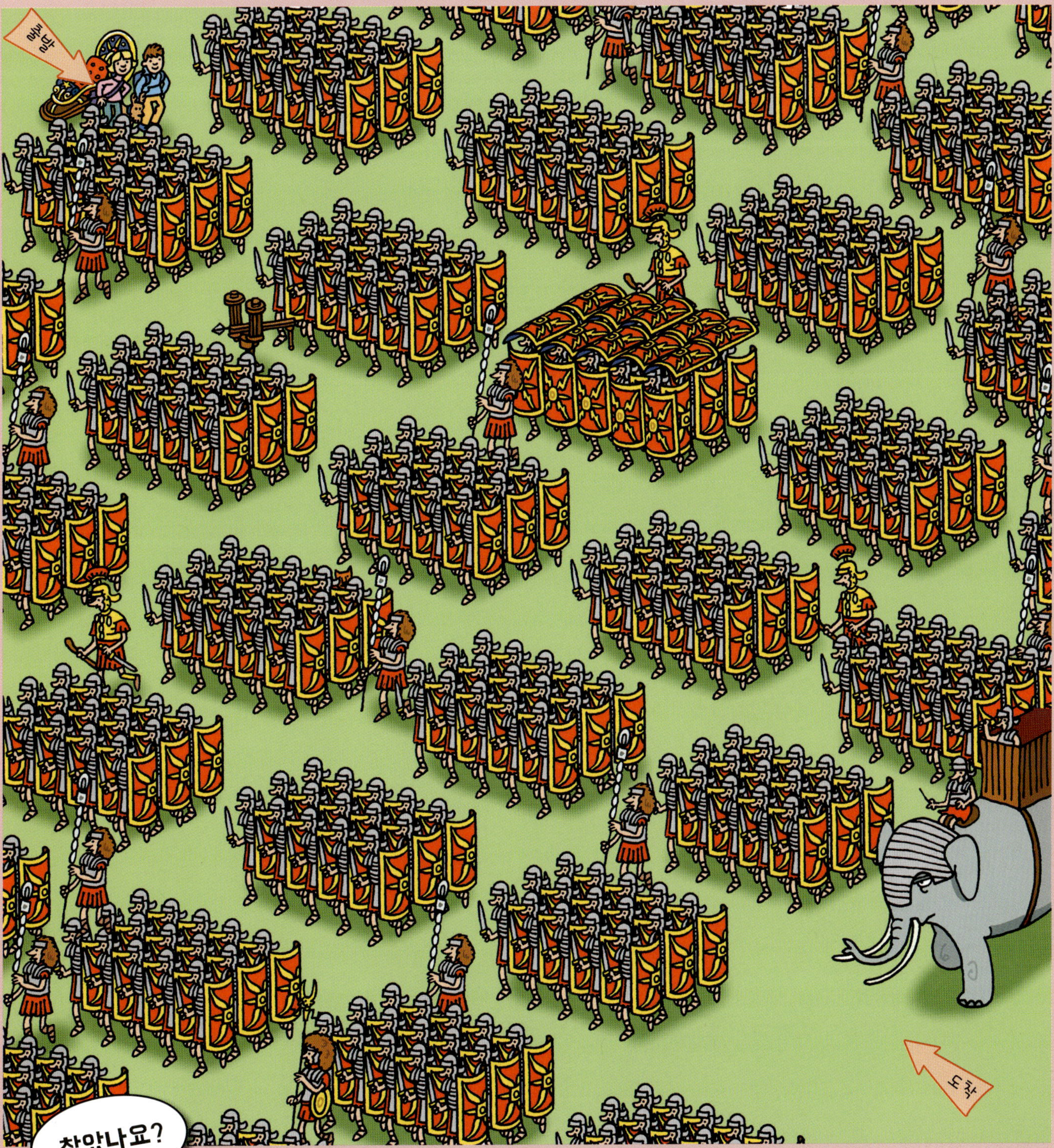

독수리 모양 군기 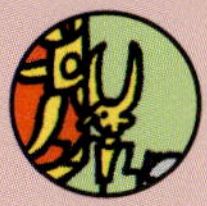   투석기 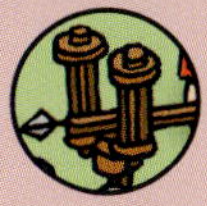   깃털로 장식한 투구 3개

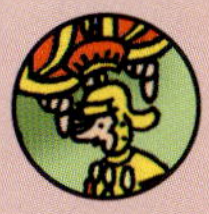

31

고대 로마의 경기

저기 황제가 있어요! 그런데 황제가 있는 곳까지 가려면 친구들은 콜로세움에서 맹렬하게
겨루고 있는 검투사들과 맹수들 사이를 지나가야 해요.

찾았나요?

류트

동전 자루

떨어진 방패 8개

실크로드

로마 황제는 친구들을 도울 수 없었어요. 황제는 친구들에게 실크로드로 알려진 길고 구불구불한
길을 따라 중국으로 가서 그곳의 황제를 찾으라고 말했어요.

코끼리   낙타 4마리   누에나방 5마리

33

길을 밝히는 등불

친구들이 고대 중국에 왔어요. 친구들이 등불 사이를 이리저리 지나 중국 황제가
기다리고 있는 곳까지 갈 수 있게 도와주세요.

찾았나요?

우산 2개

연 3개

그림자 인형극

황제는 친구들을 데리고 그림자 인형극을 보러 갔어요. 저기 봐요. 모조 그림자가 보여요.
모조가 열두 가지 그림자 동물 인형들을 지나 뼈를 가질 수 있도록 도와주세요.

찾았나요?

인형을 부리는
사람의 손

부채

불꽃놀이

황제가 많은 불꽃을 쏘며 잔치를 베풀었어요. 친구들은 로켓을 타고 하늘로 날아올랐지요. 친구들이 타임머신까지 내려가게 길을 알려주세요. 불꽃을 조심하세요!

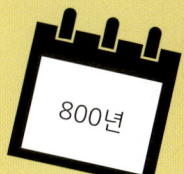

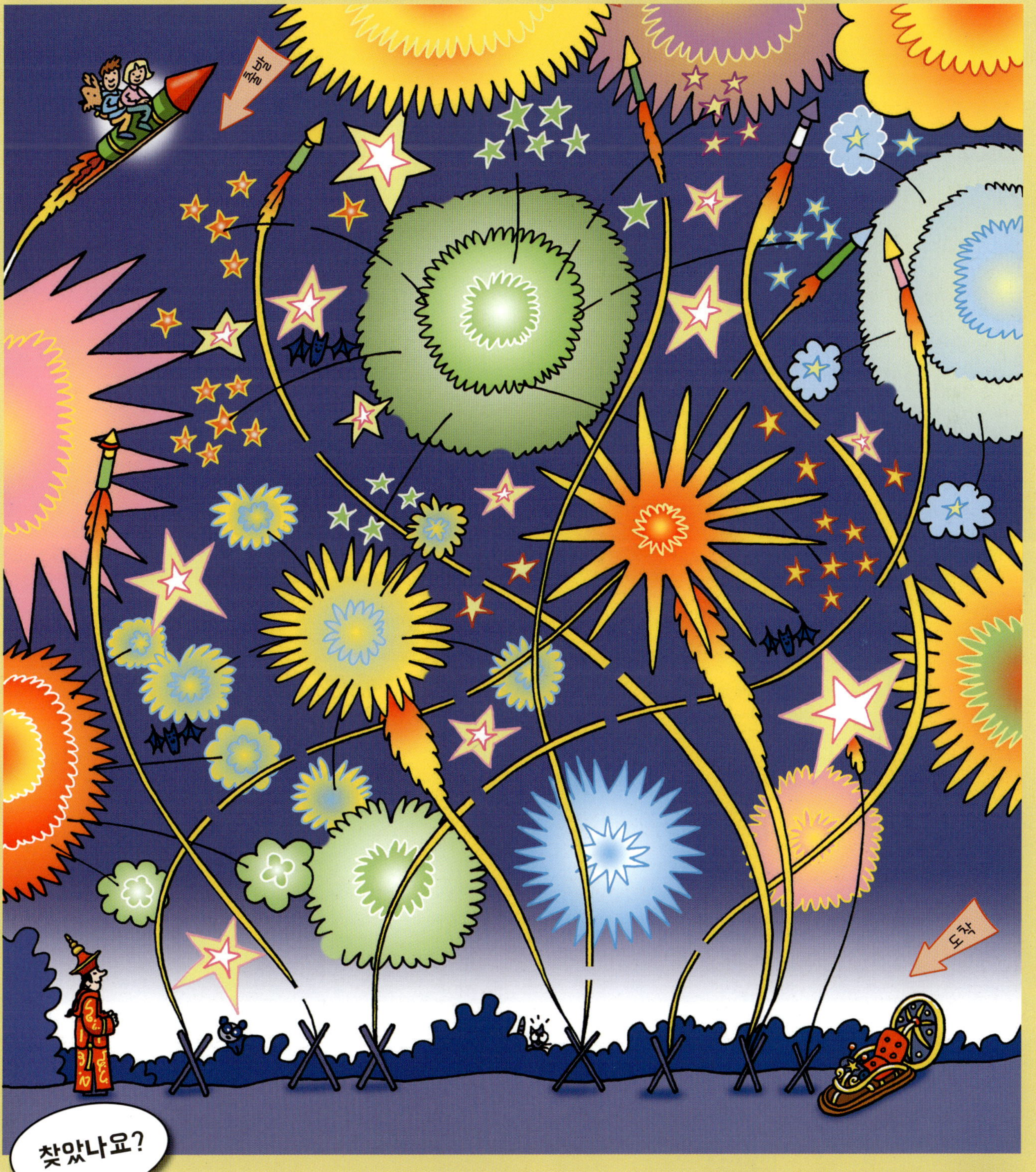

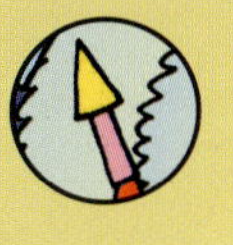

분홍색과 노란색을 칠한 로켓

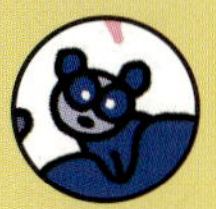

판다

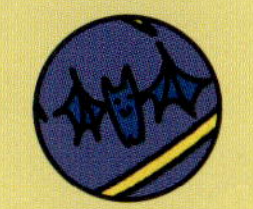

박쥐 3마리

Chapter 4
Round the Castles
성을 돌아

폭죽 하나가 타임머신 바로 밑에서 터지는 바람에 친구들은 다른 시대로 왔어요. 타임머신은 중세의 영국 왕인 헨리 8세가 사는 궁전에 내려앉았지요. 왕은 친구들을 도와주기로 약속했지만 대신에 많은 비용을 요구했어요. 친구들은 중세 세계를 여행하며 욕심 많은 왕에게 줄 보물을 모아야 해요.

바이킹의 습격

첫 번째로 들른 곳은 바이킹 시대예요. 스칸디나비아에서 온 무시무시한 전사들이 우리 친구들을 위해 보물을 조금 남겨두었어요. 친구들이 보물을 찾을 수 있게 도와주세요.

찾았나요?

트럼펫   뿔을 거꾸로 끼운 투구   바다표범 4마리

1100년

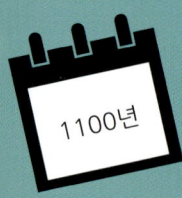

날렵한 닌자

맥스와 밀리, 모조는 동쪽으로 향하다 일본의 왕에게 많은 보물을 받았어요.
하지만 이제 닌자 전사들 사이로 제대로 길을 찾아야만 해요.

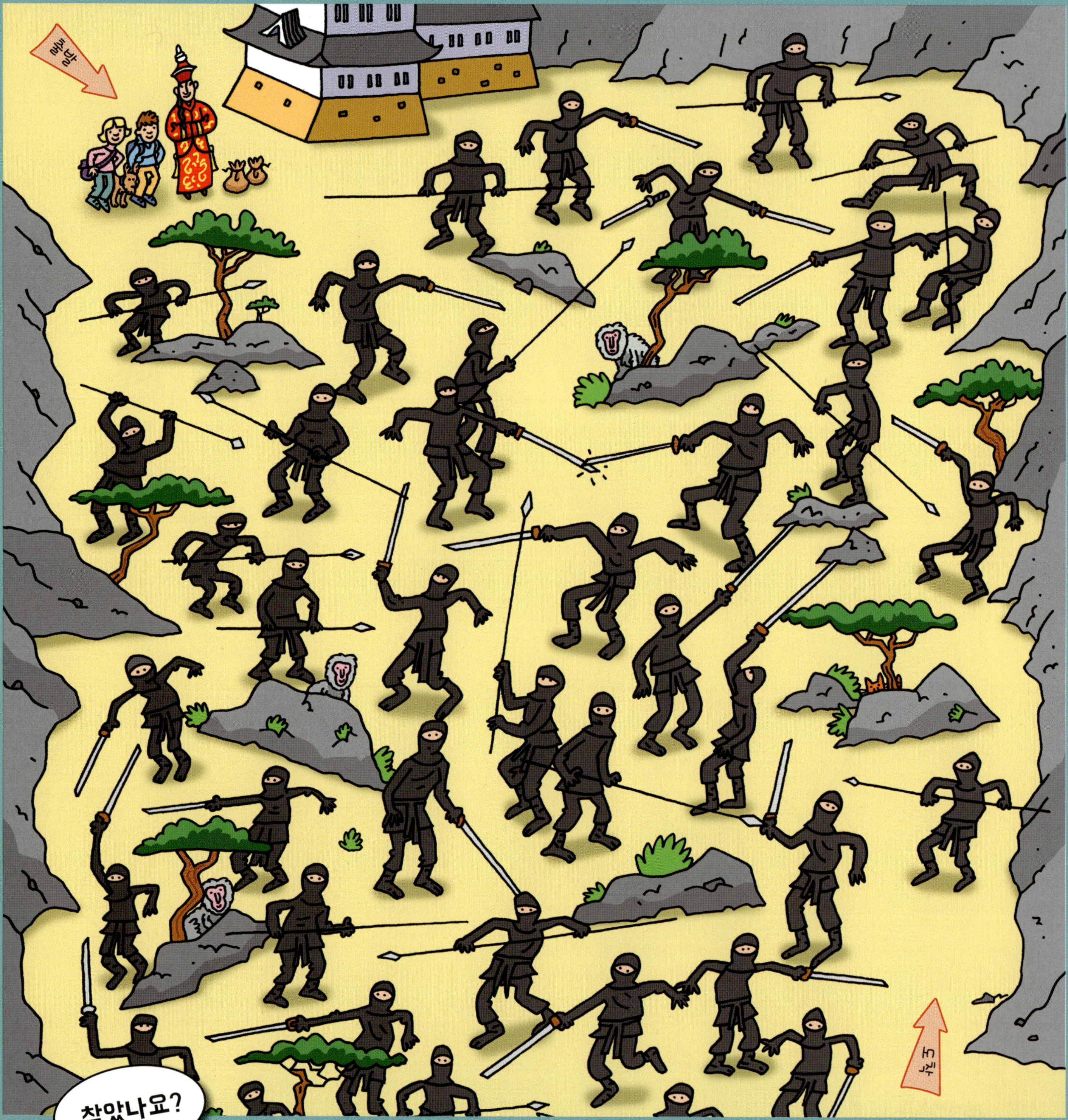

찾았나요?

떨어진 칼 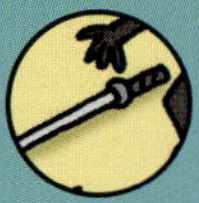

분재 나무 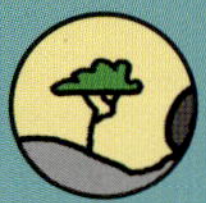

원숭이 3마리 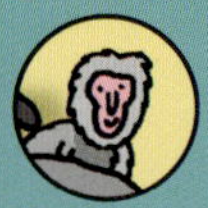

칭기즈칸의 기마병

1200년

우리 친구들이 보석을 찾으러 중앙아시아에 갔어요. 그리고 이제 타임머신으로 다시 돌아가야 해요.
그러려면 무서운 기세로 질주하는 칭기즈칸의 기마병들 사이를 가로질러 가야 해요.

촉이 두 개 달린 투구   독수리 3마리   파란색 깃발

물줄기 사이로

덥고 땀이 난 친구들은 몸을 식히고 싶어 해요. 스페인의 알람브라 궁전에 있는 분수에서 춤추듯 물줄기가 뿜어져 나와요. 물줄기를 피해 길을 찾는 것보다 더 좋은 방법이 있을까요?

찾았나요?

나비
4마리

물고기
2마리

아프리카 요새

친구들이 젖은 몸을 말리러 햇빛이 쨍쨍 비치는 아프리카로 갔어요. 친구들은 짐바브웨의 강력한 요새 안에서 길을 잘못 들거나 잠자는 사자를 깨우지 않도록 조심해야 해요.

찾았나요?

잠자는 사자
2마리

짐바브웨 새
3마리

요새 도시

우리 친구들이 세상에서 가장 방어가 튼튼한 도시들 가운데 하나인 콘스탄티노플에 있어요.
친구들이 경비병들의 눈을 피할 수 있다면 성 한가운데에 있는 보상금을 가져갈 수 있어요.

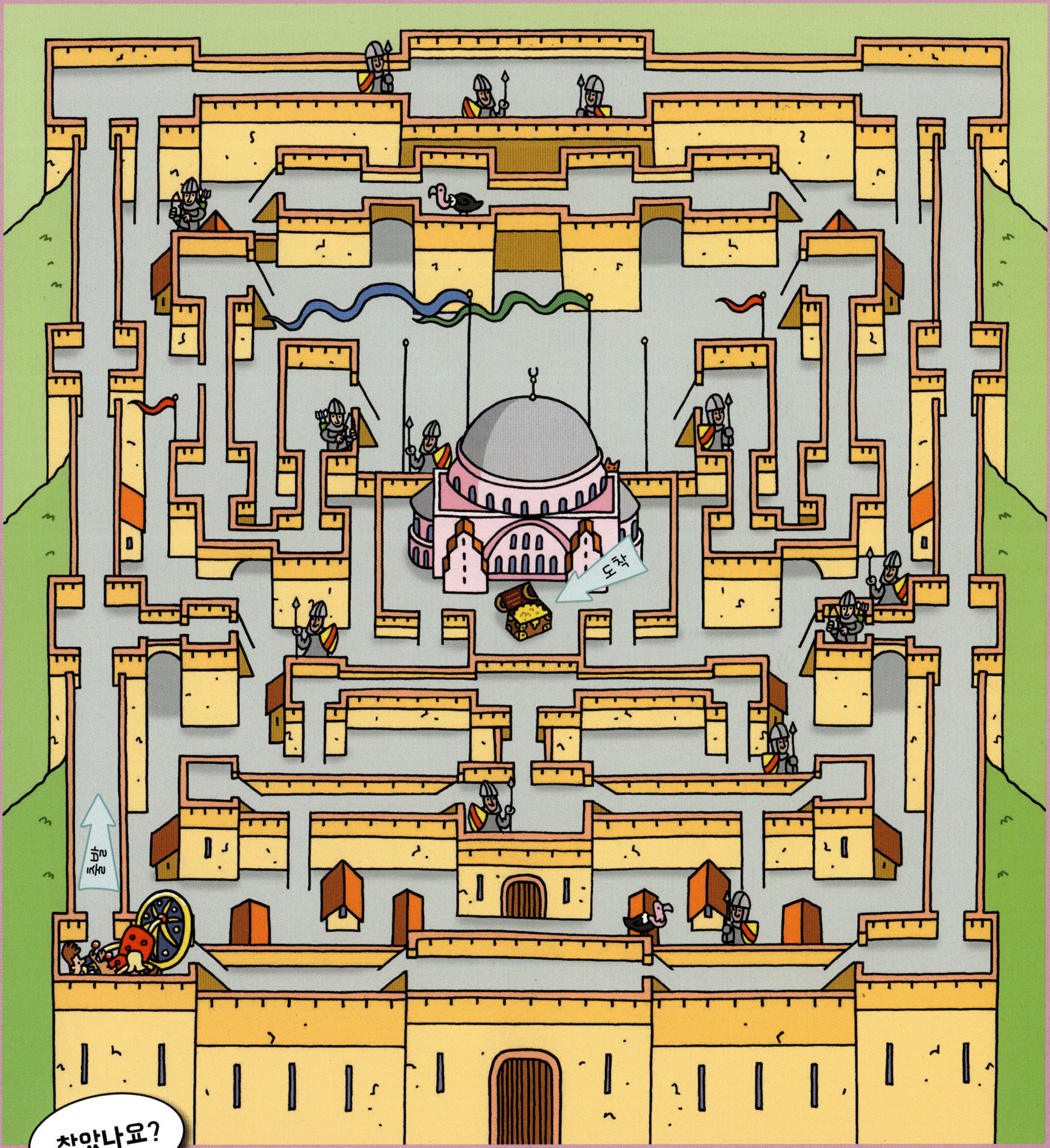

1450년

도착

출발

찾았나요?

깃발 2개 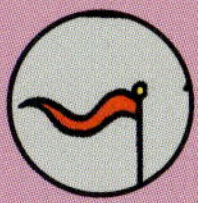   독수리 2마리    궁수 3명

예술 작품 습격

친구들은 영국으로 돌아가는 길에 르네상스 시대의 이탈리아에 들르기로 결정했어요.
친구들은 유명한 예술가 미켈란젤로를 만나 그림을 그려달라고 말하려 해요.

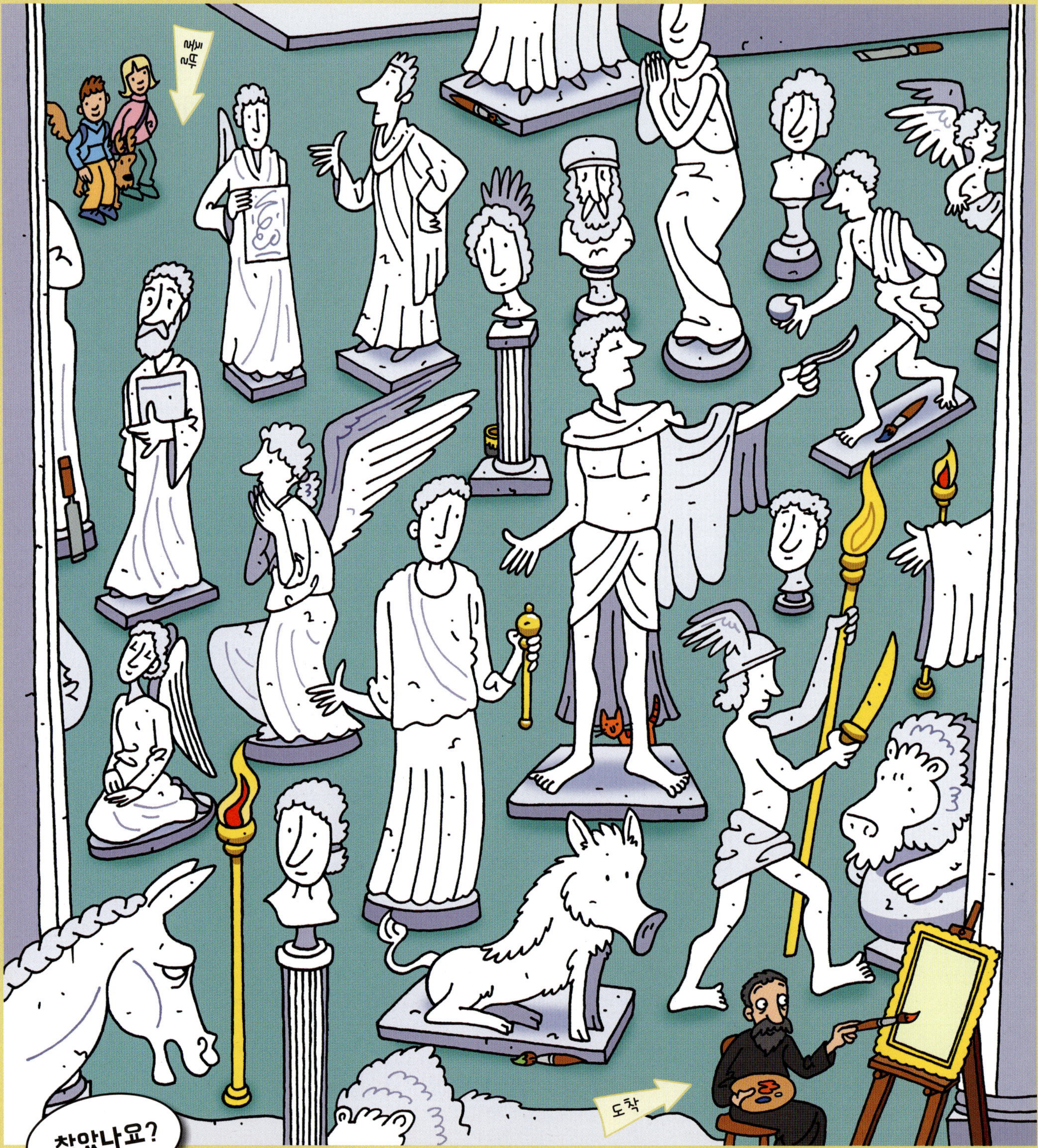

찾았나요?

물감 그릇 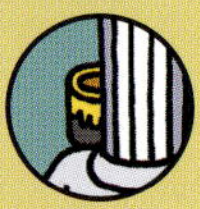   떨어진 끌 2개 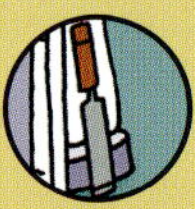   떨어진 붓 3개

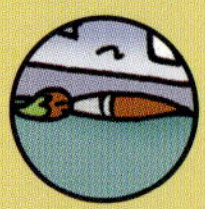

탑에 가다

1500년

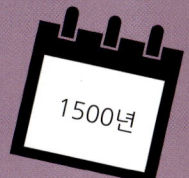

중세 여행에서 마지막으로 들른 곳은 런던탑이에요. 친구들이 탑의 벽을 기어올라 지붕 위에 있는 보물을 가질 수 있게 도와주세요.

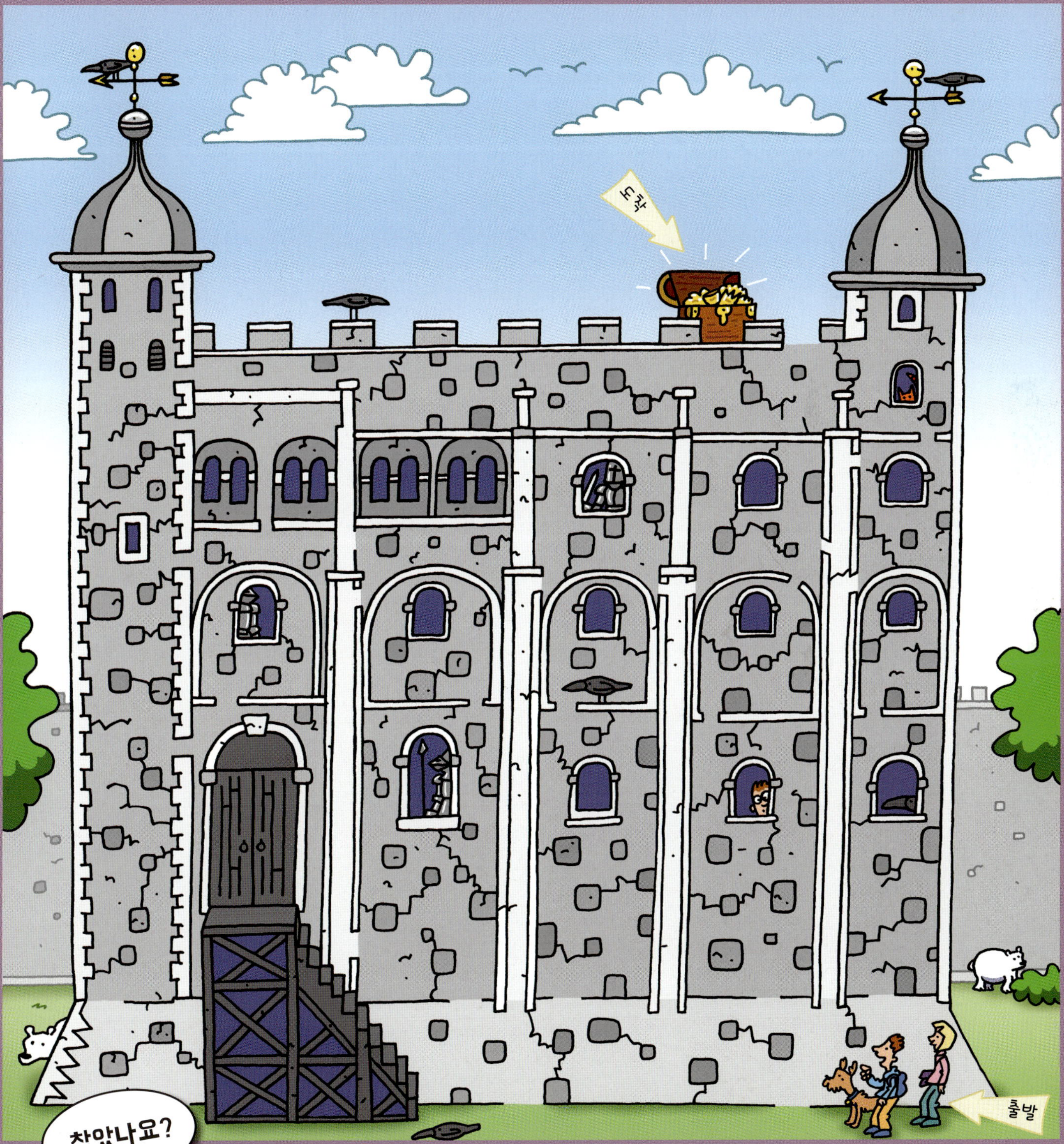

찾았나요?

북극곰 2마리

갑옷 3벌

갈까마귀 5마리

중세 기사들의 마상시합

맥스와 밀리, 모조가 마침내 헨리 8세가 사는 궁전으로 돌아왔어요. 그곳에서는 기사들의
마상시합이 열리고 있어요. 보물을 가지고 왔으니 왕은 당연히 기뻐할 거예요.

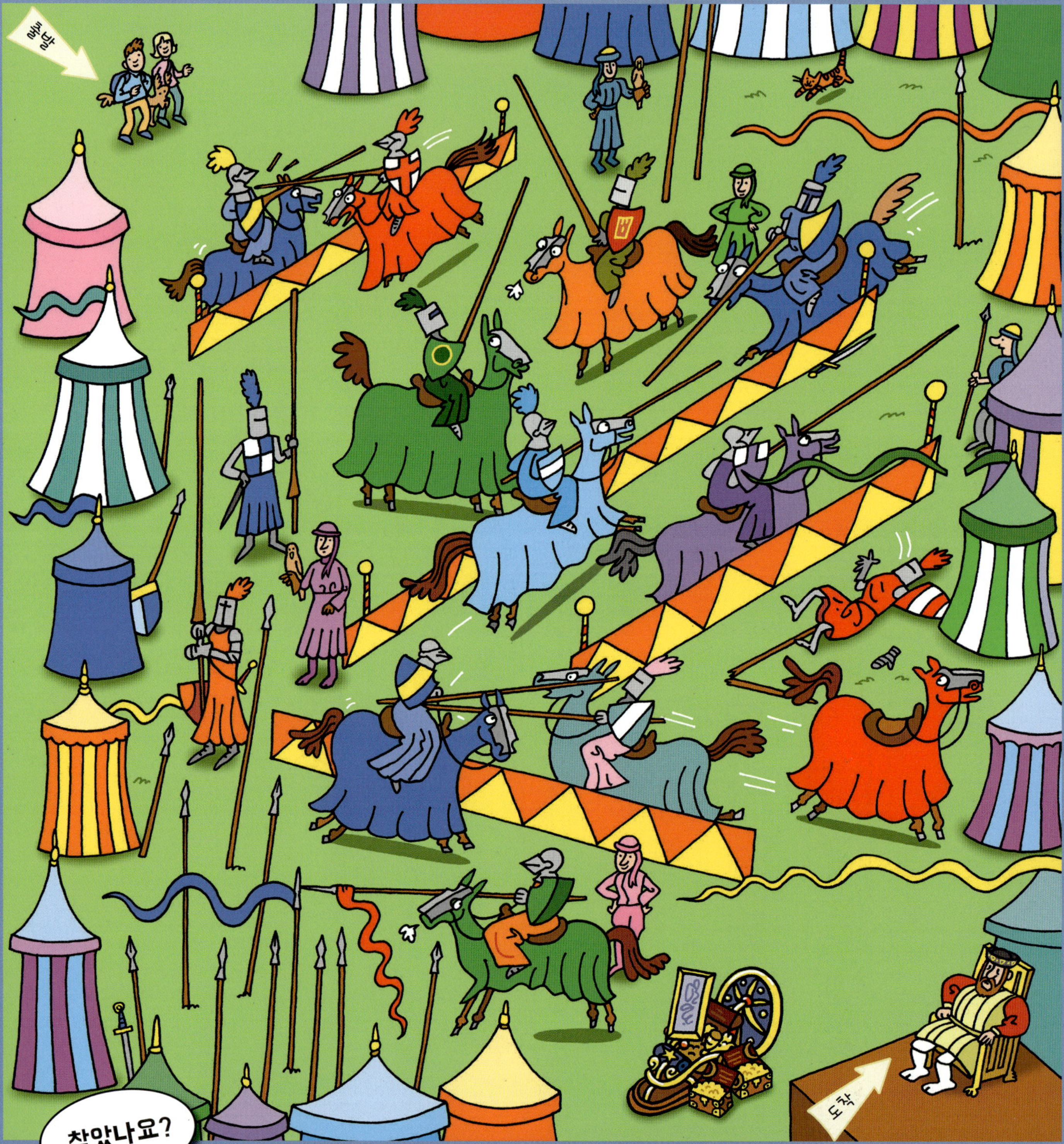

찾았나요?

떨어진 갑옷용 장갑 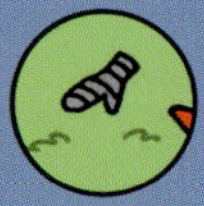   애완용 매 2마리 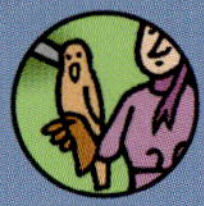   칼 2자루

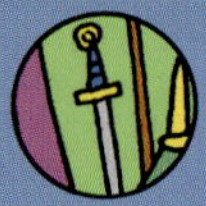

햄프턴 코트 궁전 미로

헨리 왕이 궁전에 있는 미로 한가운데에 타임머신을 숨겨놓았어요. 하지만 모조가
타임머신을 찾아냈어요. 맥스와 밀리도 그곳에 갈 수 있을까요?

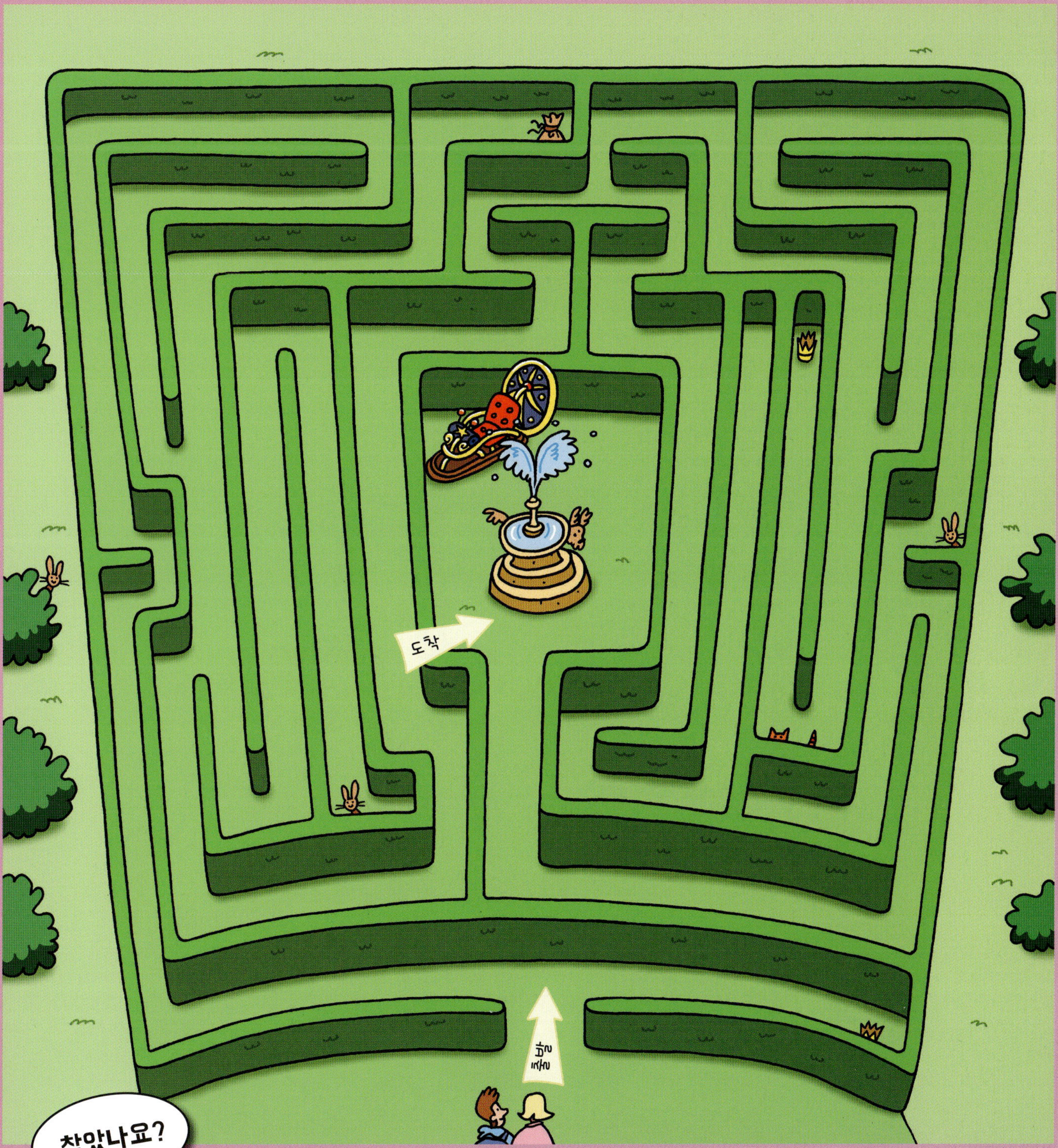

도착

찾았나요?

동전 자루

왕관 2개

토끼 3마리

Chapter 5
The New World
신세계

왕은 과거로 가서 유명한 탐험가인 콜럼버스를 만날 것을 제안했어요. 콜럼버스는 처음으로 아메리카를 직접 본 유럽인이었어요. 콜롬버스라면 분명 친구들에게 해결책을 알려줄 수 있을 거예요. 일단은 콜럼버스를 찾아야 하므로 신세계를 향해 출발합니다.

커다란 머리 석상

1492년

친구들이 멕시코에 도착했어요. 이 거대한 머리 석상들은 수천 년 전, 아메리카에서 처음 생겨난 위대한 문명들 가운데 하나인 올메크 사람들이 조각했어요.

찾았나요?

재규어

비취 가면 2개

원숭이 4마리

47

아즈텍의 도시

아즈텍의 수도인 테노치티틀란에 도착했어요. 친구들이 도로를 지나 황제가 있는 곳까지
갈 수 있게 길을 알려주세요. 어쩌면 황제는 콜럼버스가 어디에 있는지 알고 있을지도 몰라요.

출발점

도착

찾았나요?

돌로 만든 달력    독수리 2마리    뱀 3마리

공 넣기 시합

1492년

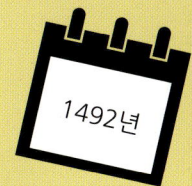

황제는 공 넣기 시합에 친구들을 참가시켰어요. 우리 친구들은 돌로 만든 고리 안에 덩크슛으로 고무공을 집어넣고 나서야 길을 떠날 수 있었어요.

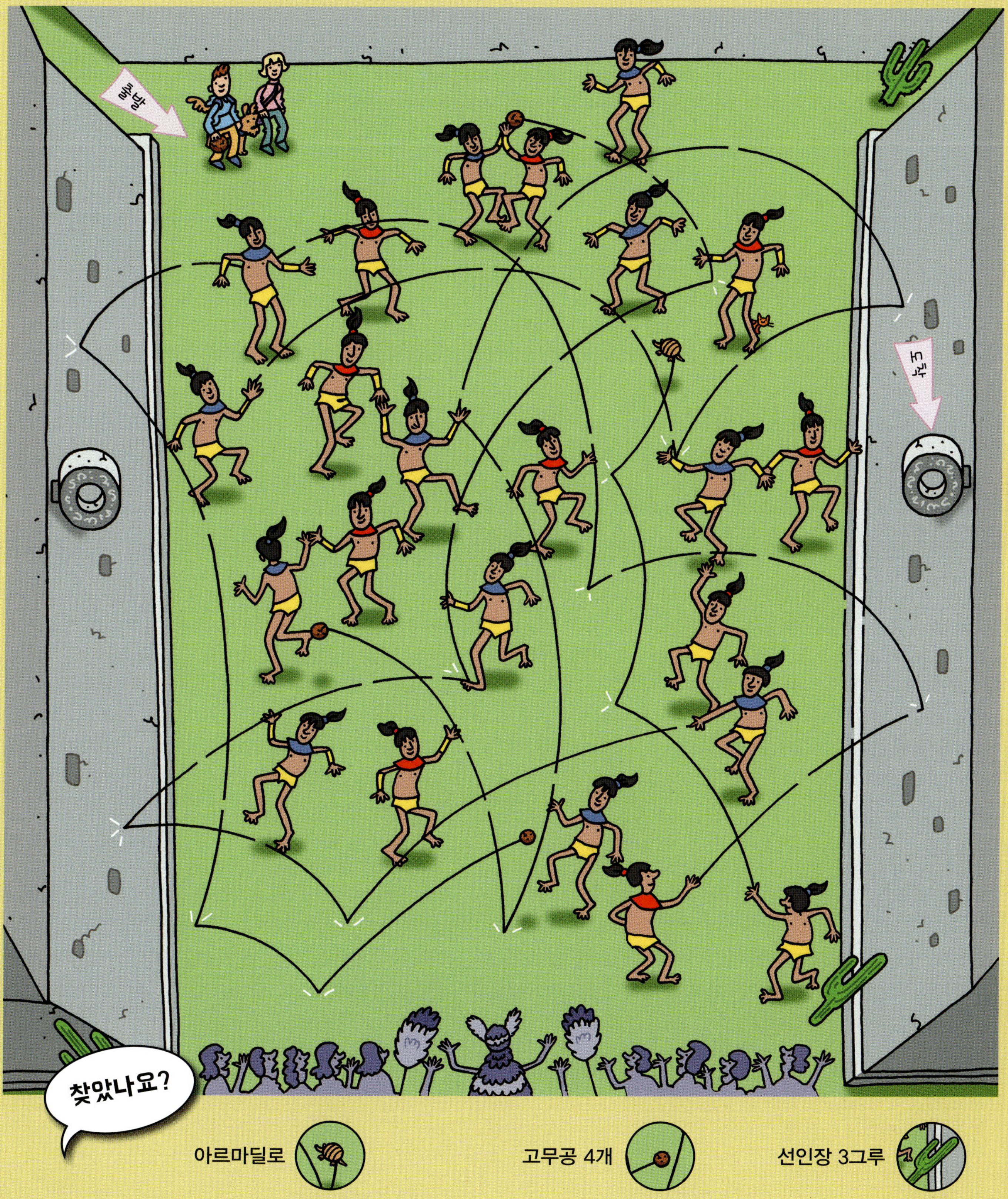
출발
도착
찾았나요?
아르마딜로
고무공 4개
선인장 3그루

1492년

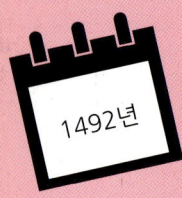

대초원 지대

모조의 활약 덕에 공 넣기 시합에서 이긴 친구들이 북아메리카를 탐험하고 있어요.
어쩌면 샤이엔 족 족장이 콜럼버스를 어디에서 만날 수 있는지 알고 있을지도 몰라요.

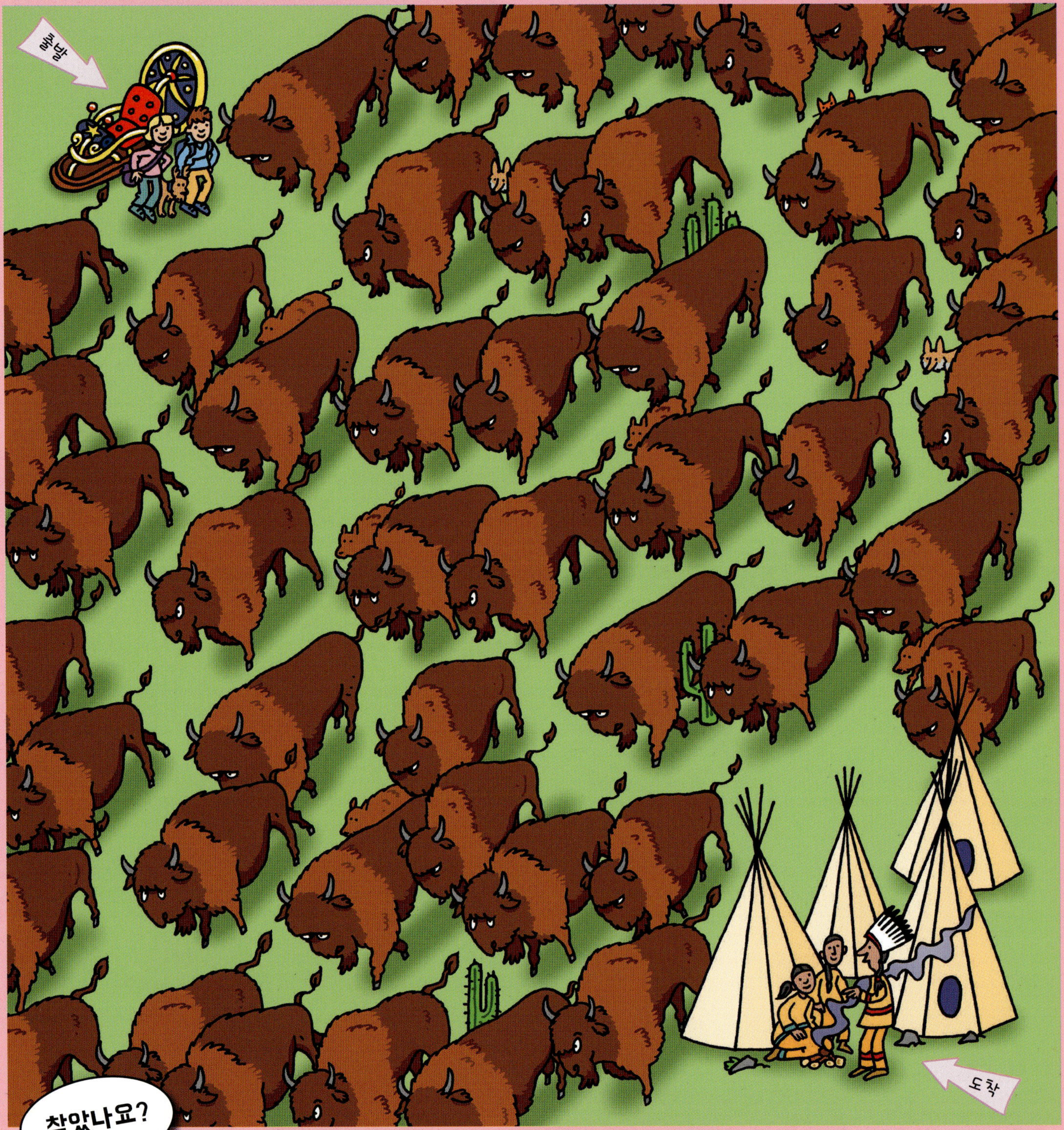

찾았나요?

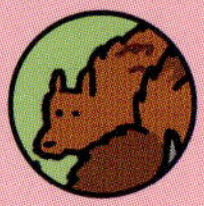
아메리카들소 새끼 5마리

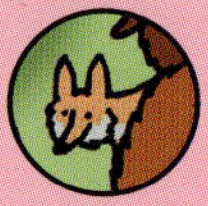
코요테 2마리

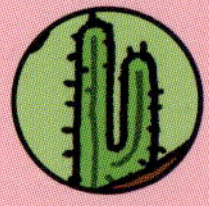
선인장 3그루

토템 기둥

1492년

우리 친구들이 아메리카 원주민이 조각한 높다란 토템 기둥들이 가득한 울창한 숲을 건넜어요.
하지만 아직 콜럼버스는 흔적조차 보이지 않아요.

출발점

도착

찾았나요?

카누 2척   비버 3마리   퓨마

잉카 족의 요새

친구들이 마추픽추에 있는 잉카 족의 요새에 도착해 황제를 만났어요. 황제는 친구들에게 콜럼버스가 카리브 해에 있다고 알려주었어요. 이제 친구들은 타임머신이 있는 곳으로 다시 달려가야 해요.

찾았나요?

팬파이프 연주자

라마 2마리

콘도르 2마리

모두 배에 타요!

드디어 콜럼버스를 찾았어요. 친구들이 뱃멀미를 이겨내고 선원들
사이를 지나 배 앞부분으로 갈 수 있게 도와주세요.

1492년

찾았나요?

지도

갈매기
3마리

바다에서 길을 잃다

저런! 콜럼버스가 그렇게 위대한 탐험가는 아니었나 봐요. 그만 길을 잃고 말았어요.
콜럼버스가 탄 배가 섬들 사이를 지나 먼 바다로 나갈 수 있게 도와주세요.

1492년

찾았나요?

편지가 든 병
2개

날치
4마리

53

Chapter 6
Great Minds
위대한 지성들

콜럼버스는 친구들이 현재로 돌아갈 수 있게 도와주지 못했어요. 그래서 친구들은 위대한 사상가들을 만나 어떻게 해야 할지 물어보기로 했어요. 첫 번째로 들른 곳은 르네상스 시대의 이탈리아로, 친구들은 이곳에서 화가이자 발명가, 과학자인 레오나르도 다빈치를 찾아 나섰어요.

시대를 앞서 가다

레오나르도는 탱크와 헬리콥터, 비행기를 포함해 놀라운 장치들을 많이 발명했어요.
어쩌면 타임머신도 알고 있을지 몰라요.

찾았나요?

지구본

공책

물약이 든 병 3개

55

피사의 사탑

피사의 사탑 꼭대기에 있는 사람은 누구일까요? 이탈리아의 천문학자 갈릴레오예요.
망원경으로 처음 행성을 관찰한 사람들 가운데 한 사람이지요.

도착

출발

찾았나요?

거미

망원경 2개

비둘기 5마리

갈채를 받다

이탈리아에서는 아무런 소득이 없었어요. 이제 영국의 위대한 지성 몇 사람을 찾아가려고 해요.
세계적으로 유명한 극작가 윌리엄 셰익스피어라면 타임머신을 고칠 낱말을 찾을 수 있을 거예요.

출발

도착

찾았나요?

엘리자베스 여왕 1세 초상화    깃펜 3자루    양초 3자루

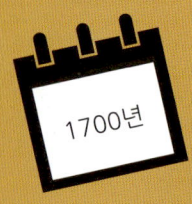

툭 떨어지다

1700년

이제 친구들은 떨어지는 사과들을 피해 역대 가장 위대한 과학자들 가운데 한 사람인 아이작 뉴턴을 찾아야 해요. 뉴턴은 중력의 법칙을 알아냈어요. 어쩌면 시간의 법칙도 알고 있을 거예요.

찾았나요?

오소리　　올빼미 2마리　　들쥐 3마리

음악대 연주를 듣다

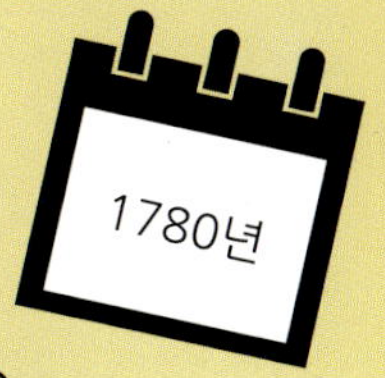

영국의 위대한 지성들은 큰 도움이 되지 못했어요. 맥스와 밀리, 모조는 오스트리아로
여행을 떠나 유명한 작곡가인 볼프강 아마데우스 모차르트가 연주하는 음악을 잠깐 동안 들었어요.

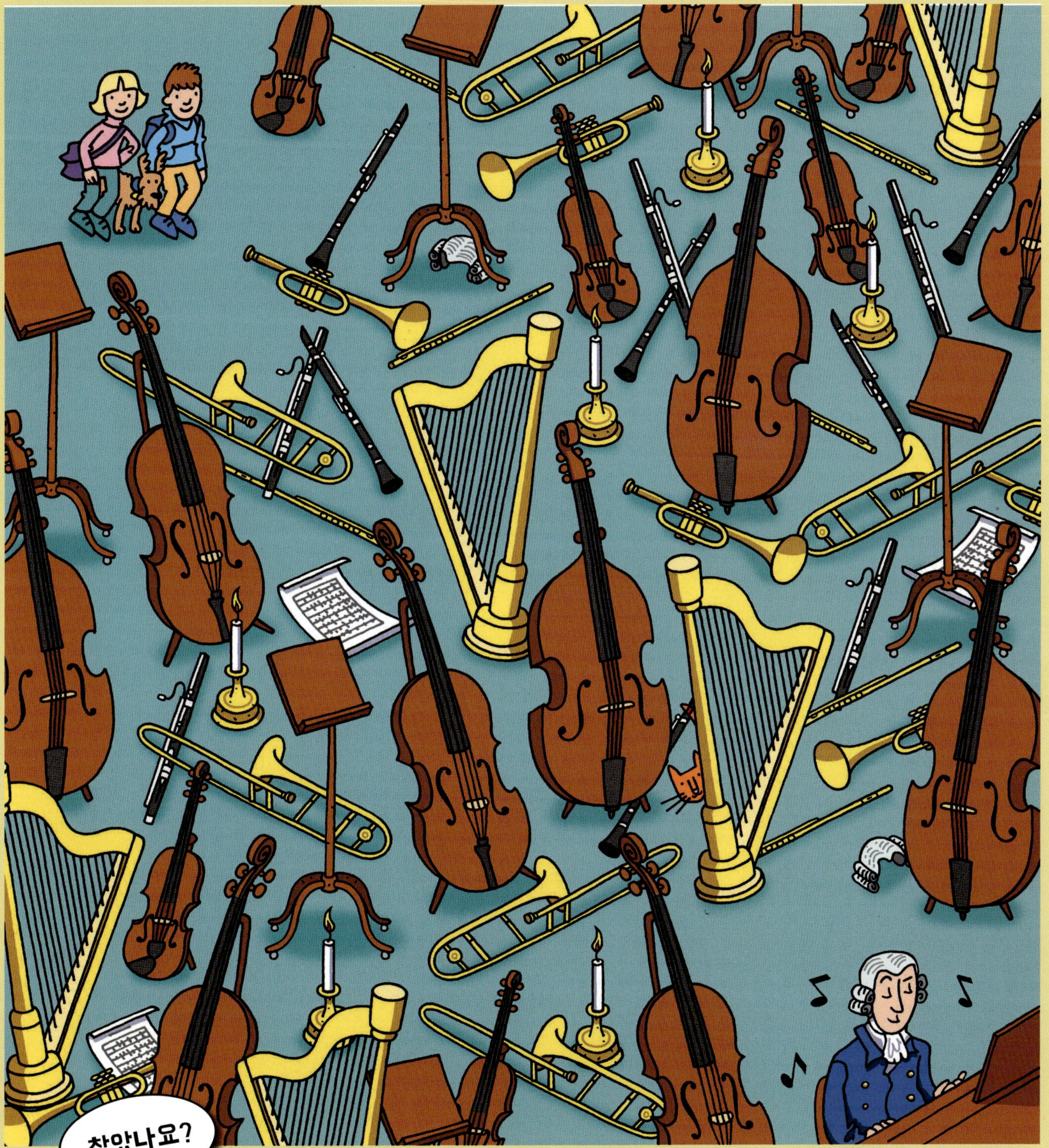

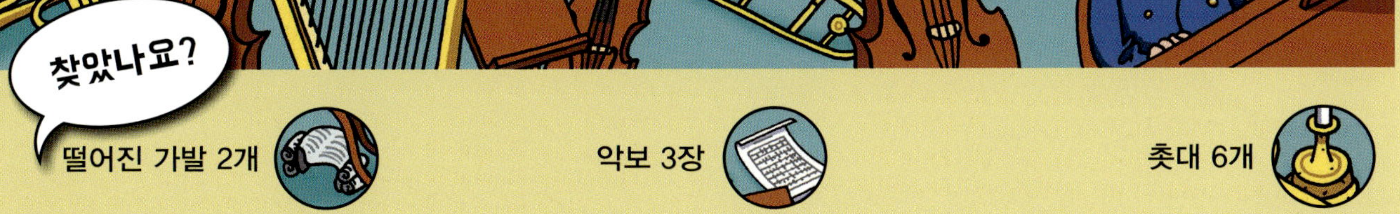

찾았나요?

떨어진 가발 2개   악보 3장   촛대 6개

1785년

놀라운 진실

친구들이 아메리카로 다시 돌아왔어요. 친구들이 번갯불 사이를 지나 미국의 위대한 발명가이자 과학자, 정치가인 벤저민 프랭클린이 전기 실험을 하고 있는 곳까지 갈 수 있게 도와주세요.

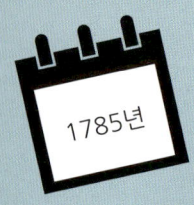

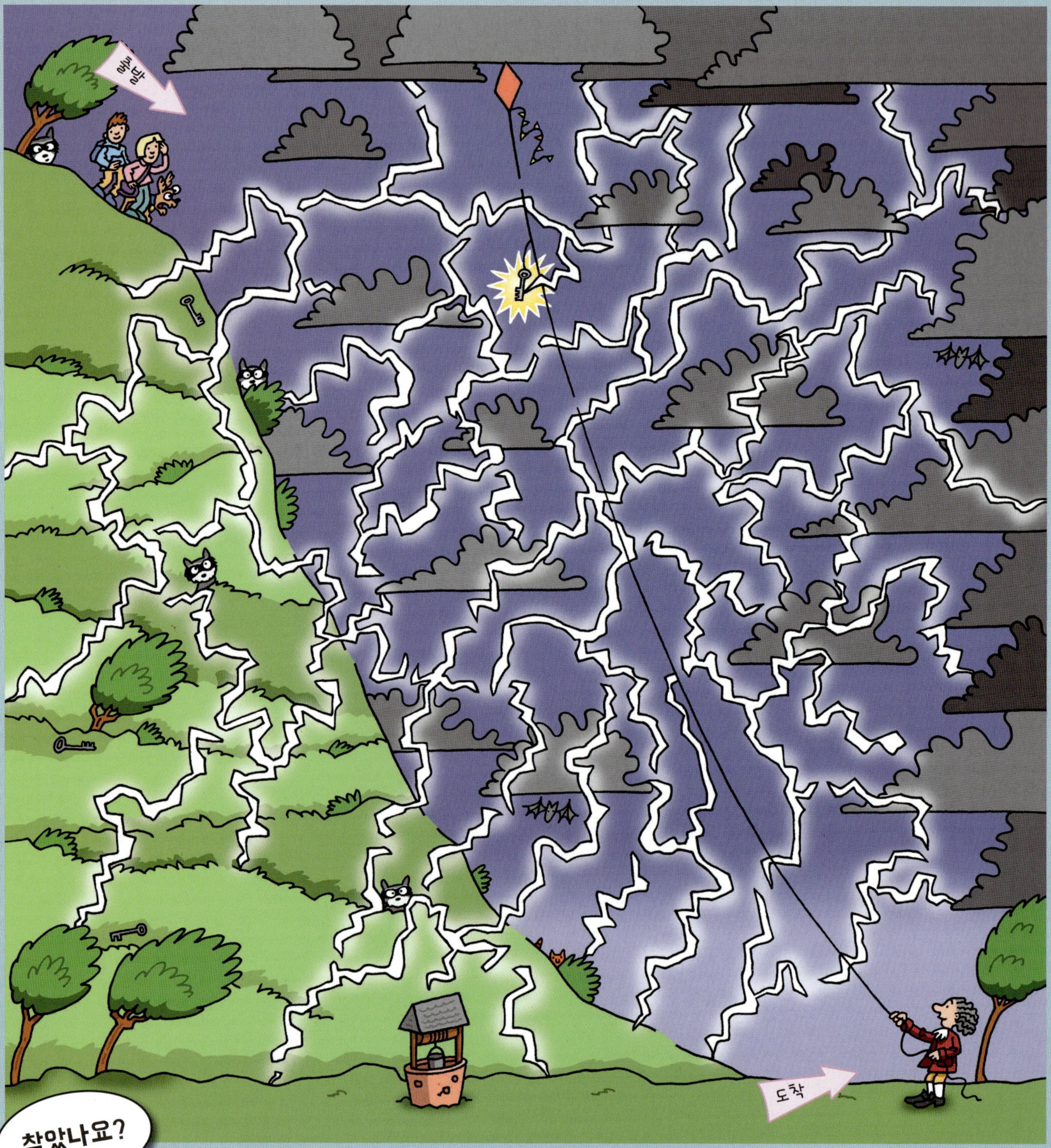

찾았나요?

- 박쥐 2마리
- 떨어진 열쇠 3개
- 너구리 4마리

대통령의 환영

1785년

프랭클린이 친구이자 미국의 첫 번째 대통령인 조지 워싱턴을 찾아보라고 친구들을 보냈어요.
친구들이 얼어붙은 강을 건너 대통령이 기다리고 있는 곳까지 갈 수 있게 노를 저어주세요.

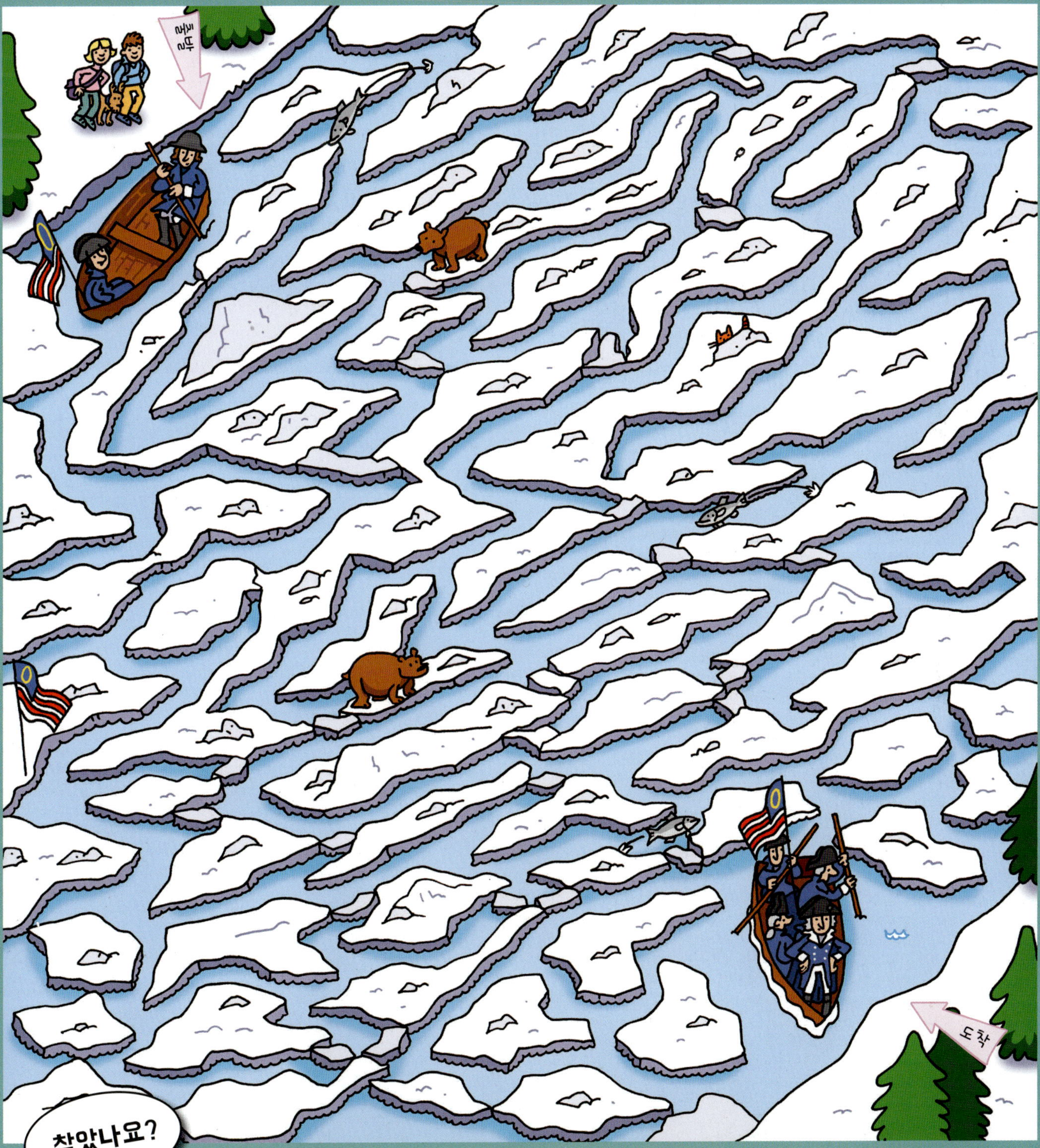

출발

도착

찾았나요?

곰 2마리    깃발 3개    연어 3마리

궁전 여행

워싱턴은 친구들을 프랑스로 보내 부유한 루이 14세 왕과 마리 앙투아네트 왕비를 만나게 했어요. 어쩌면 친구들이 현재로 다시 돌아가는 비용을 왕이 지불해 줄지도 몰라요.

거미
2마리

왕관
3개

혁명!

아! 왕과 왕비는 달아나야 해요. 프랑스의 가난한 국민들이 군주제를 뒤엎고 혁명을 일으켰어요. 친구들이 타임머신으로 도망칠 수 있게 도와주세요.

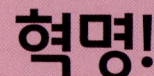

케이크가
담긴 접시

비둘기
3마리

나폴레옹의 군대

친구들이 혁명 이후에 프랑스를 이끈 지도자 나폴레옹 보나파르트를 찾고 있어요. 역사상 가장 위대한 장군들 가운데 한 사람인 나폴레옹은 집으로 돌아갈 전략을 틀림없이 알고 있을 거예요.

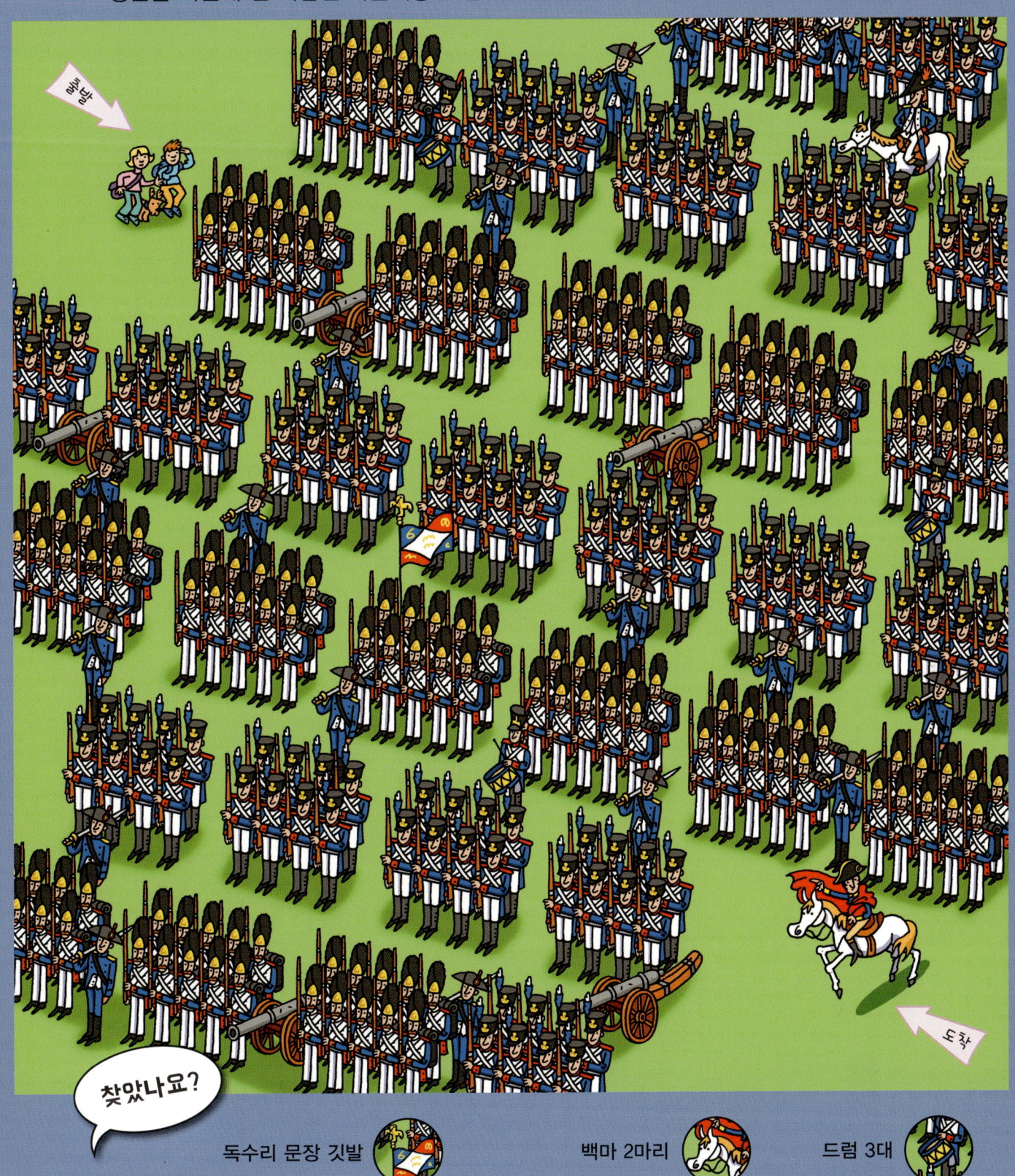

독수리 문장 깃발   백마 2마리   드럼 3대

Chapter 7

The Age of Machines
기계 시대

나폴레옹이 친구들에게 자신은 군인이지 과학자가 아니라고 말했어요. 그래서 친구들은 산업 시대의 위대한 발명가 몇 사람을 만나야 해요. 어쩌면 열기구를 발명한 몽골피에 형제들이 도와줄 수 있을지 몰라요. 몽골피에 형제들이 하늘을 날 수 있게 되었듯이 시간도 다룰 수 있을 거예요.

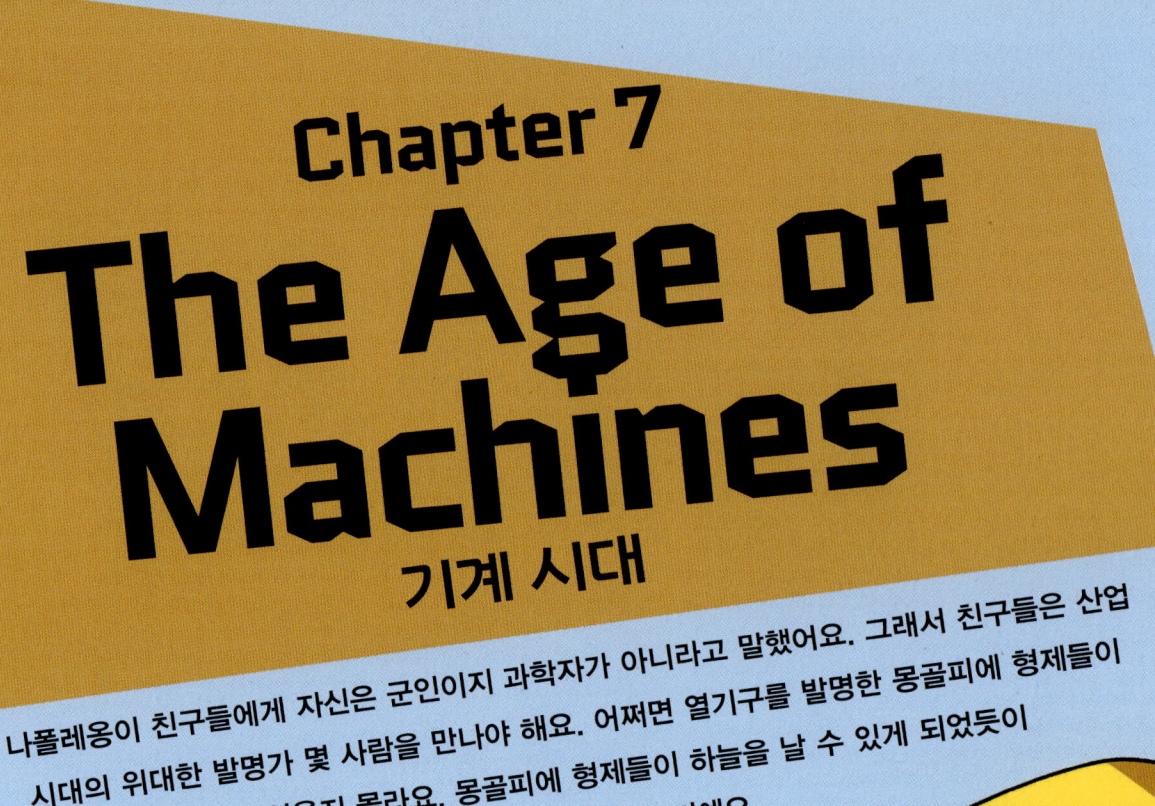

하늘 위로

몽골피에 형제가 맥스와 밀리, 모조를 조심스럽게 열기구에 태워 타임머신이
있는 곳에 내려놓을 수 있게 도와주세요.

출발

도착

찾았나요?

젖소

토끼 2마리

비둘기 6마리

산업 혁명

몽골피에 형제는 도와주지 못했어요. 그래서 친구들은 영국으로 여행을 떠나 최신식 증기기관을 발명한 기술자 제임스 와트를 찾아갔어요. 친구들이 공장 굴뚝에서 나오는 연기를 지나 와트의 작업장까지 갈 수 있게 길을 알려주세요.

출발

찾았나요?

도착

외바퀴 손수레 3대   양동이 3개   쥐 4마리

증기기관에 올라

제임스 와트가 저기에 있어요! 친구들이 윙윙 돌아가는 어마어마하게 큰 증기기관을 기어올라 위대한 발명가가 기다리고 있는 곳까지 갈 수 있게 도와주세요.

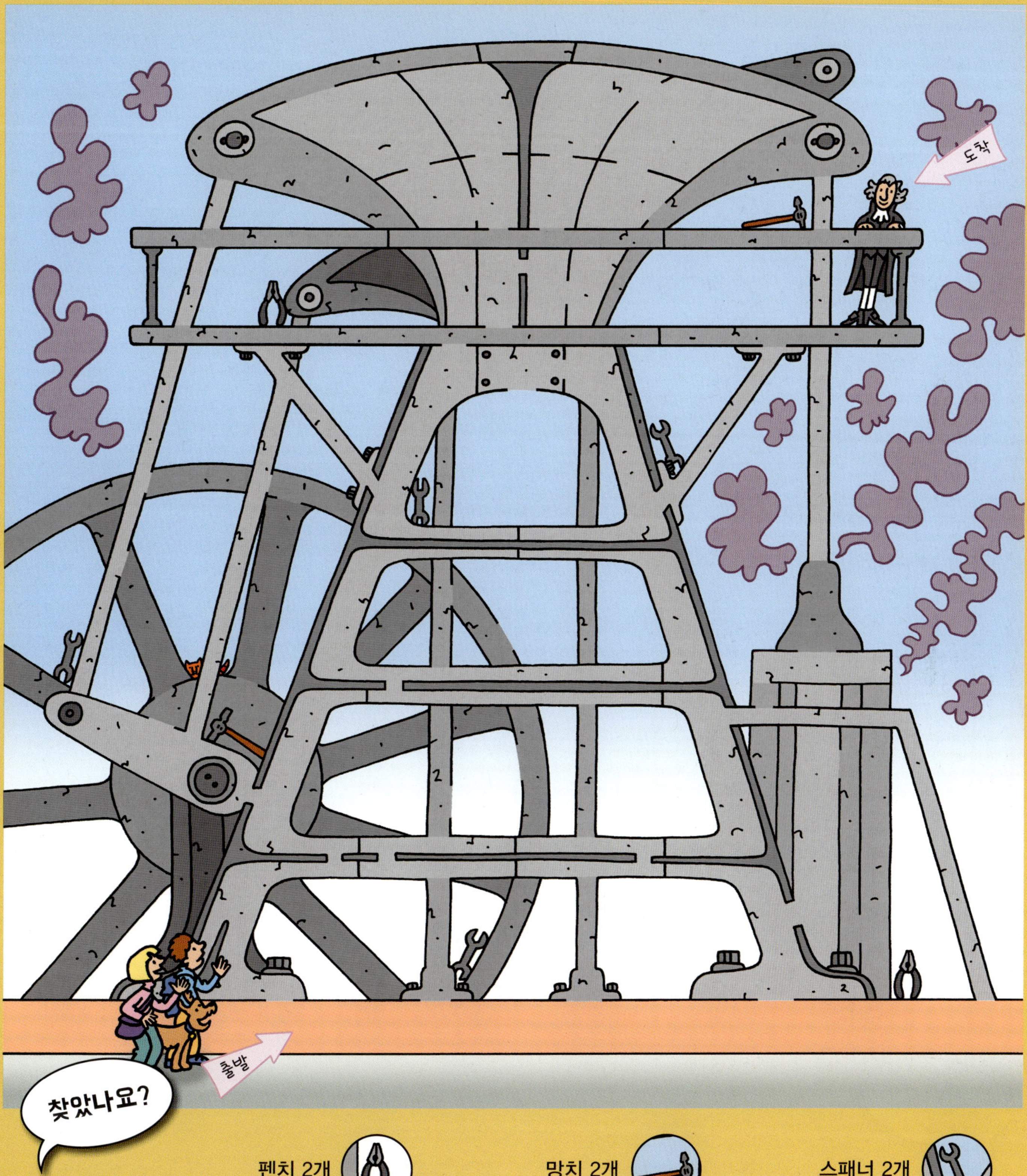

수정궁

제임스 와트는 친구들에게 세계에서 가장 뛰어난 발명가들이 모여 전람회를 열고 있는 수정궁에 가보라고 말했어요. 친구들이 유리로 된 벽을 기어올라 빅토리아 여왕과 앨버트 왕자를 만날 수 있게 도와주세요.

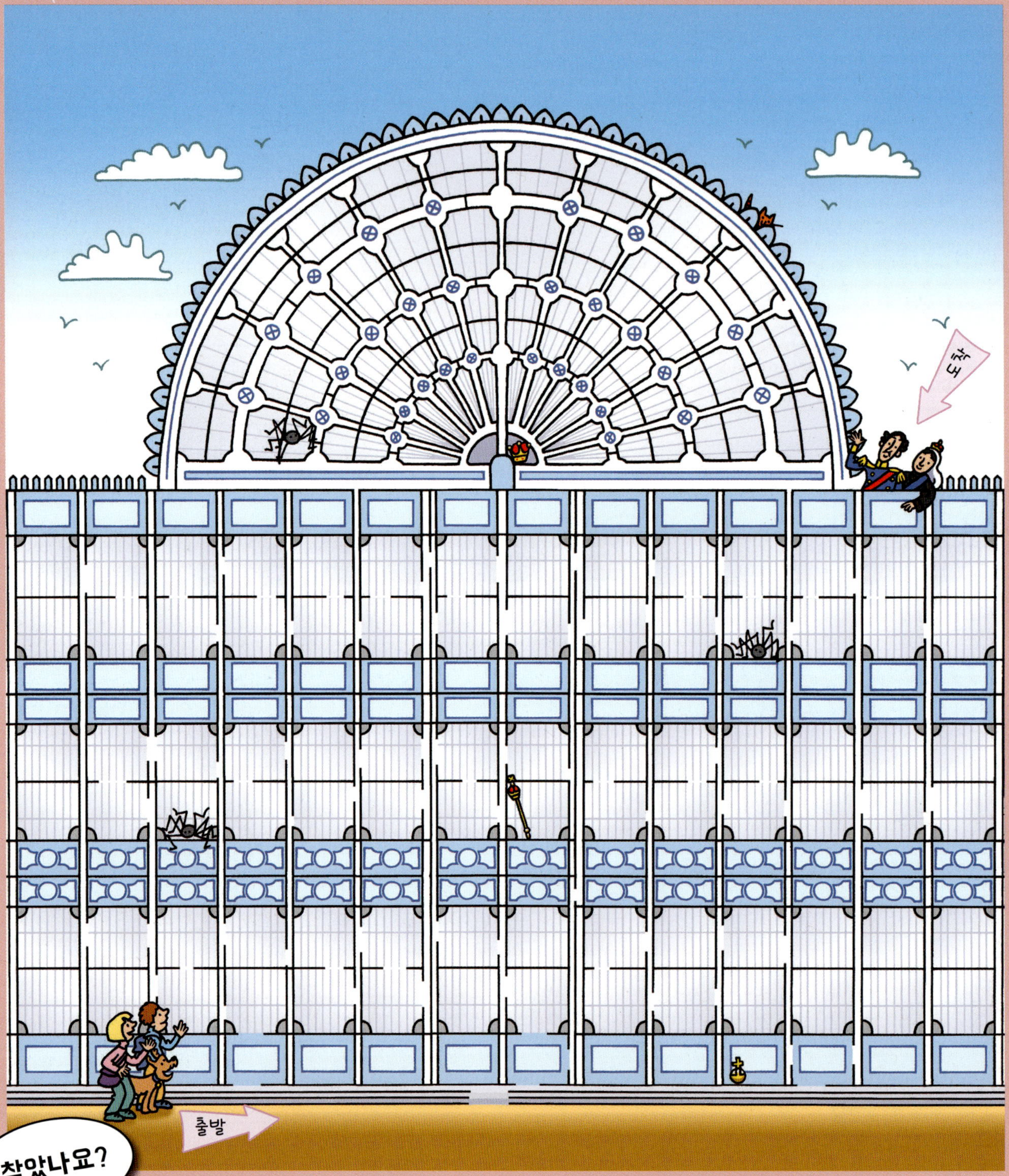

떨어진 왕관    왕의 지팡이 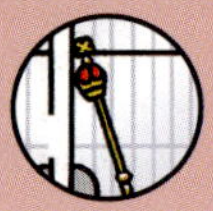   거미 3마리

 1851년

찾았나요?

수증기를 따라

여왕이 준 승차권으로 증기기관차를 탄 친구들은 빅토리아 시대의 가장 유명한 발명가 이점바드 킹덤 브루넬을 만나러 가고 있어요. 그런데 모조가 기관차 뒤쪽에서 꼼짝 못하고 있어요. 모조는 어떻게 해야 할까요?

찾았나요?

젖소
2마리

토끼
2마리

현수교

모조가 다시 혼자 뒤떨어졌어요. 모조가 현수교 한쪽에서 맥스와 밀리가 기다리고 있는 다른 쪽으로 내려갈 수 있게 도와주세요.

찾았나요?

염소
2마리

갈매기
4마리

1858년

증기선

친구들이 세계에서 가장 큰 배인 '그레이트 이스턴 증기선'에 기어올라 이 배를 설계한 이점바드 킹덤 브루넬이 있는 곳까지 갈 수 있게 도와주세요. 브루넬이 친구들에게 들려줄 이야기가 있대요.

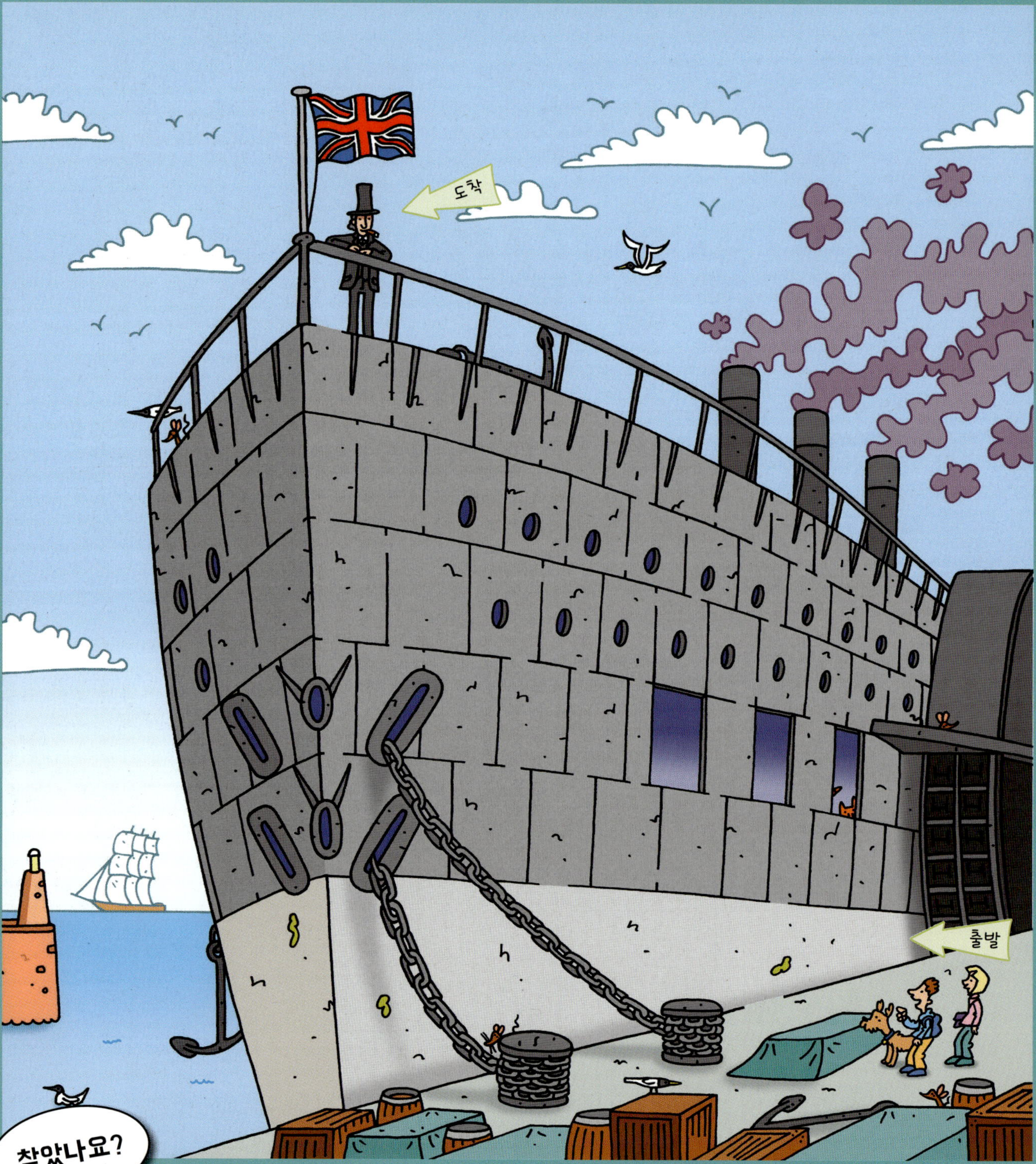

찾았나요?

영국신사 모자 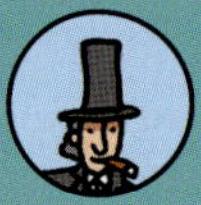

쥐 4마리 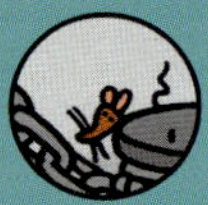

갈매기 4마리 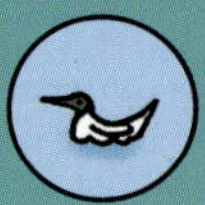

시동을 걸어라

브루넬은 친구들에게 배가 아니라 자동차에 대해 잘 아는 사람을 찾아보라고 말했어요.
그래서 친구들은 새로운 자동차를 발명하는 데 앞장선 칼과 버사 벤츠를 찾아 독일에 왔어요.
칼과 버사 벤츠가 저기에 있네요!

1890년

찾았나요?

자전거   스페어타이어 2개   떨어진 ㄴ자형 손잡이
3개

1895년

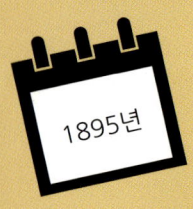

빛이 있어라

아직 답을 찾지 못한 친구들은 백열전구를 발명한 토마스 에디슨을 만나러 대서양을 건너갔어요.
에디슨이라면 반짝이는 생각이 있을 거예요!

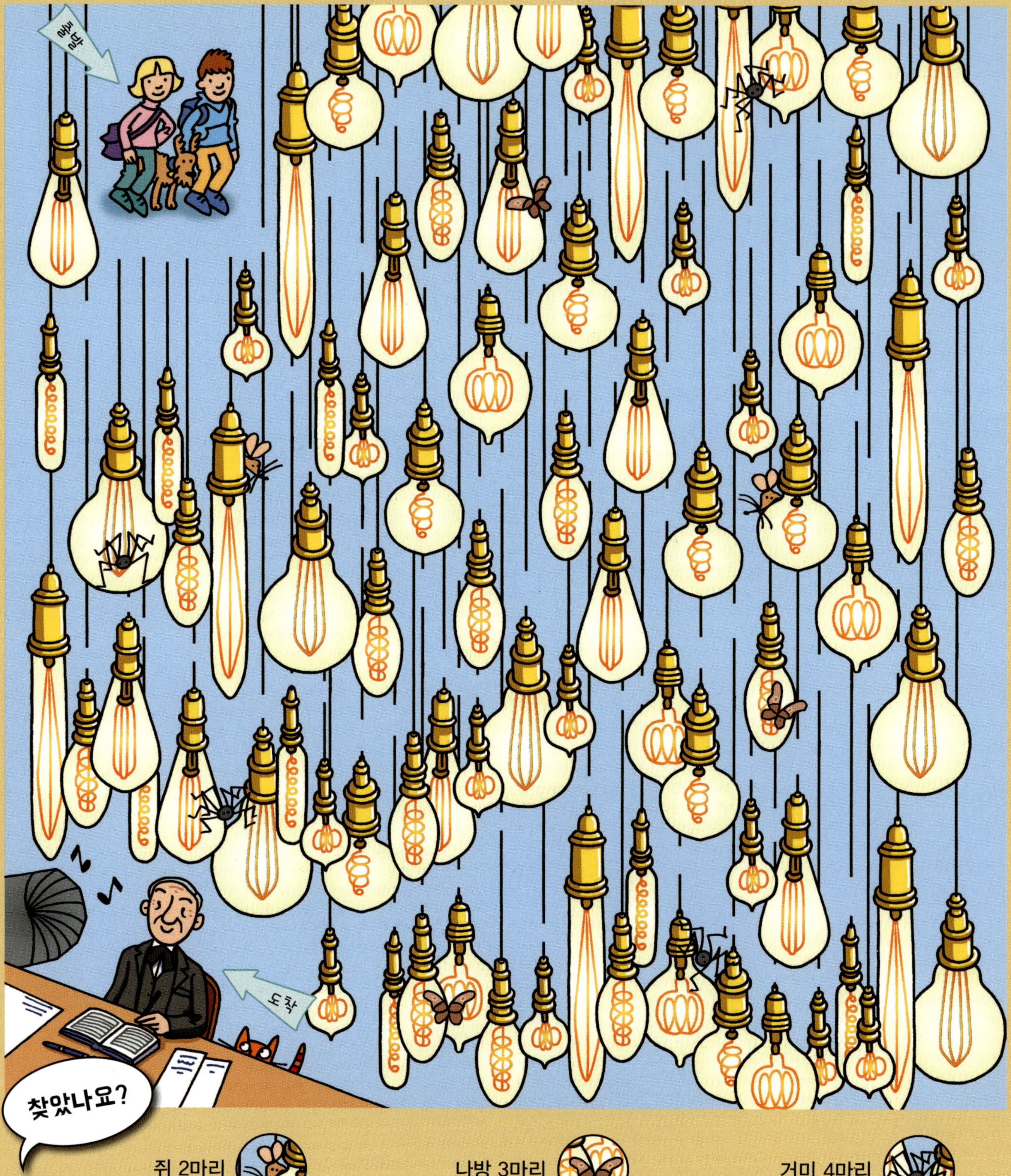

쥐 2마리　　나방 3마리　　거미 4마리

전기의 대가

에디슨은 친구들에게 전기를 통제할 수 있는 더 유능한 과학자 니콜라 테슬라를 만날 수 있는 곳을 알려 주었어요. 친구들이 거대한 전기불꽃을 지나 테슬라가 있는 곳까지 갈 수 있도록 길을 알려주세요.

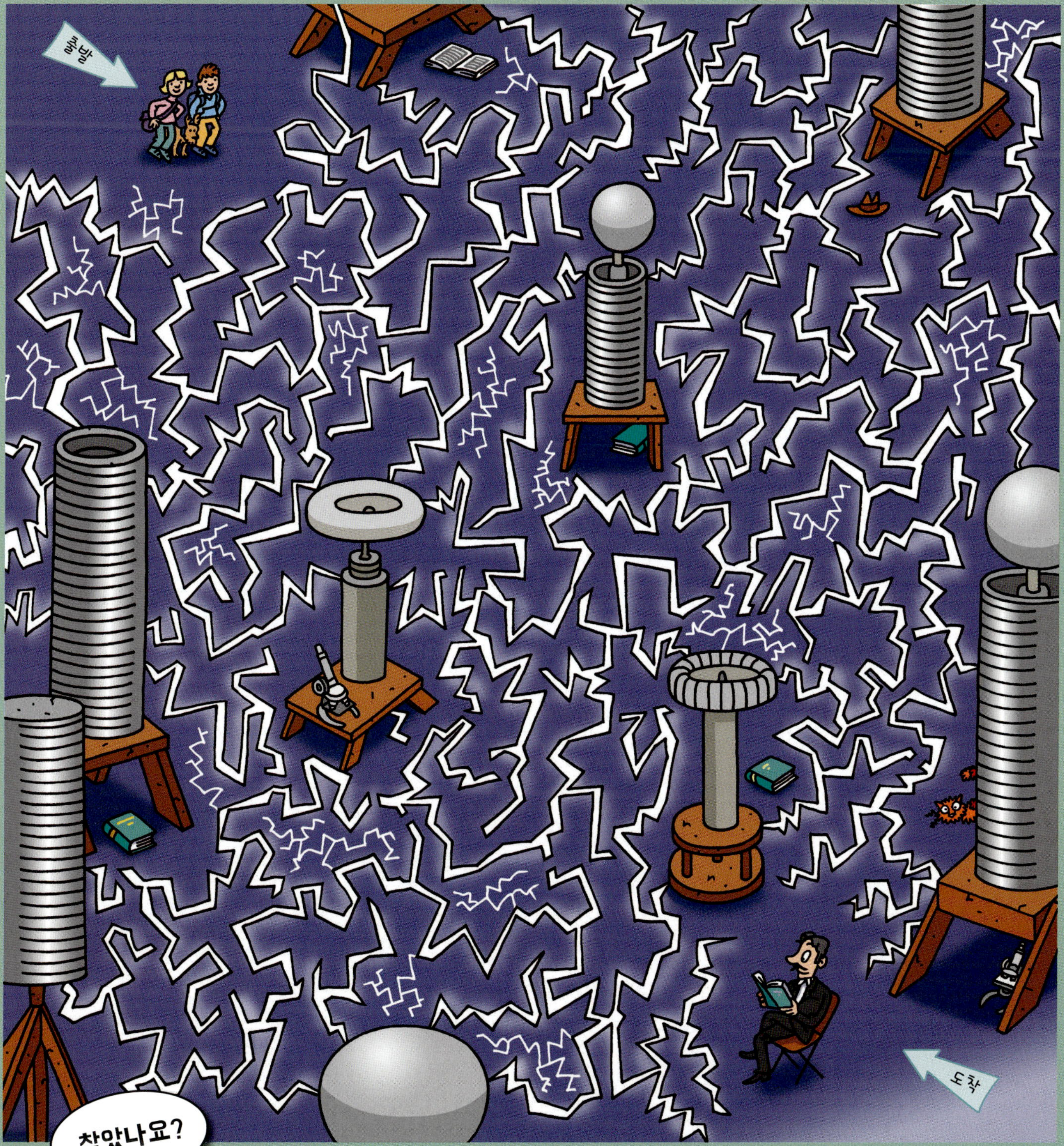

1905년

출발

도착

찾았나요?

모자

현미경 2개

책 5권

Chapter 8
Back to the Present
다시 현재로

전기의 대가 니콜라 테슬라조차 친구들을 도울 수 없었어요. 하지만 테슬라는 친구들에게 역대 가장 유명한 과학자인 앨버트 아인슈타인이 틀림없이 도와줄 거라고 말했어요. 그리고 테슬라가 숨겨놓은 방법이 하나 더 있었어요. 테슬라는 타임머신을 향해 강력한 전기 번개를 보냈어요. 그러자 타임머신이 윙윙거리더니 갑자기 허공을 맴돌기 시작했어요.
친구들은 이제 하늘을 날 수 있어요!

비행선이 지나온 길

맥스와 밀리, 모조가 아인슈타인을 찾으러 하늘로 올라갔어요. 친구들이 체펠린 비행선들 사이를 빠져나올 수 있게 도와주세요.

도착

출발

찾았나요?

녹색 비행선

거미 2마리

낙하산병 3명

75

1920년

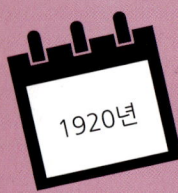

정신없이 나는 비행기

지금 하늘은 복엽비행기들로 가득 찼어요. 친구들이 비행기를 발명한 라이트 형제가 있는 곳까지 내려갈 수 있게 길을 알려주세요.

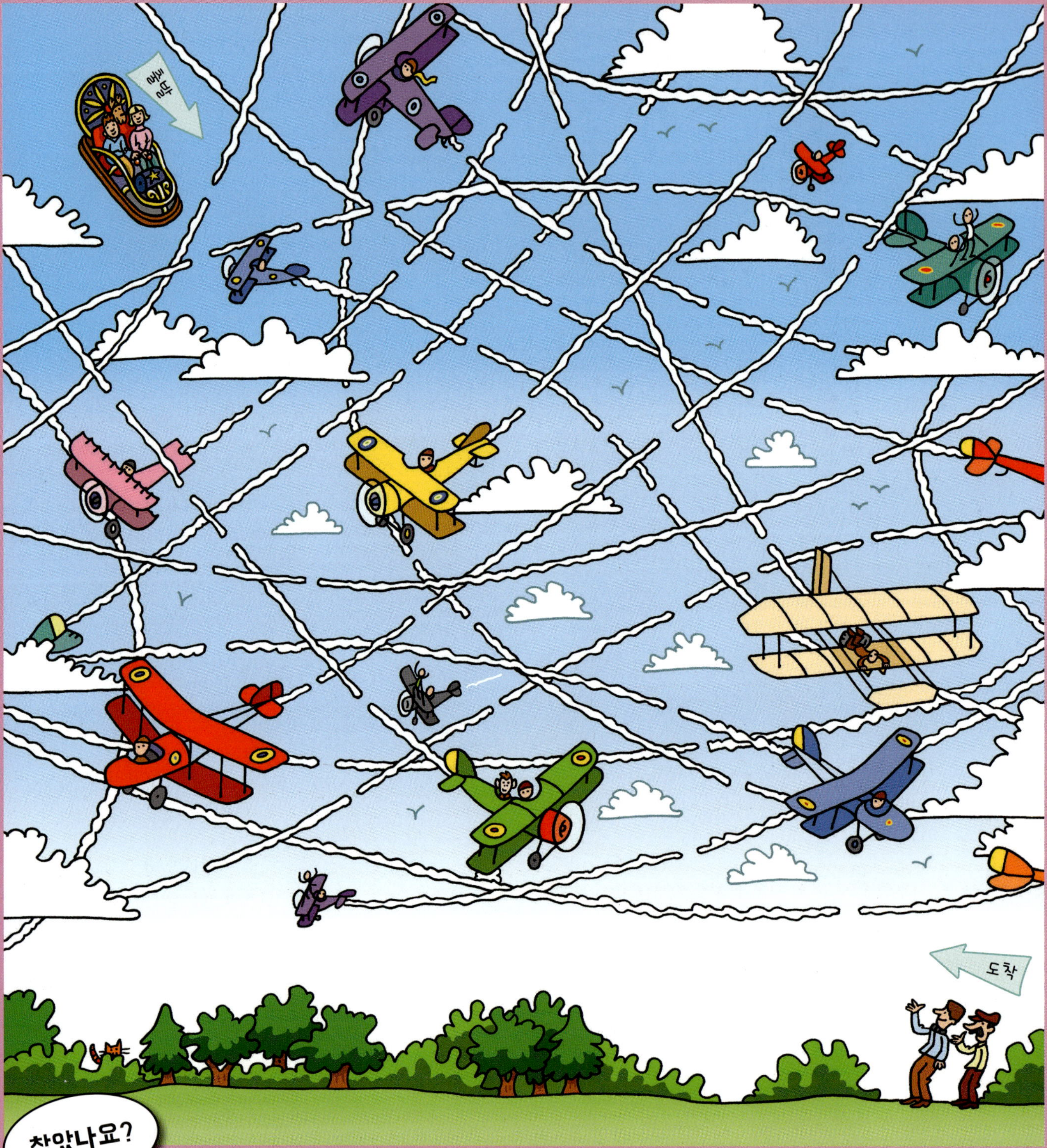

찾았나요?

원숭이 부조종사 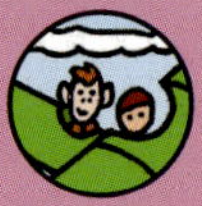

주황색 꼬리 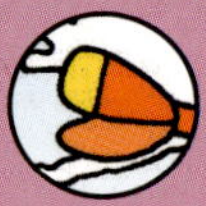

날개에 탄 사람 4명 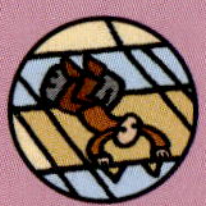

헬리콥터 사이로

라이트 형제가 친구들이 가야 할 길에 제대로 내려놓은 것 같아요. 친구들이 초기 헬리콥터들 사이를 지나 위대한 천문학자 에드윈 허블에게 갈 수 있게 도와주세요. 허블은 아인슈타인이 어디에 있는지 알고 있을 거예요.

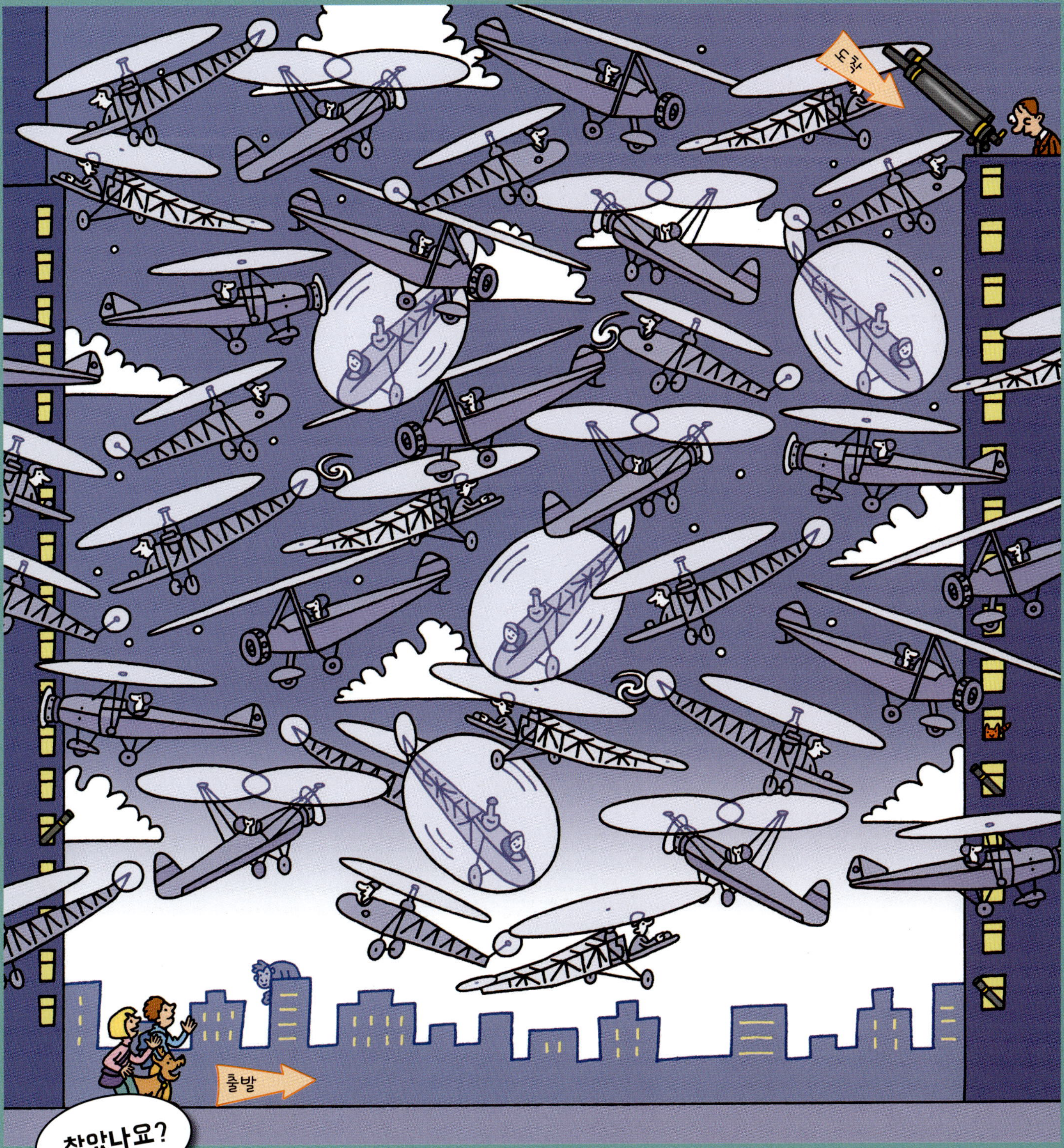

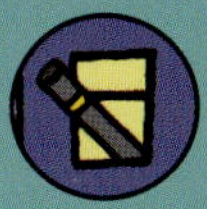

1925년

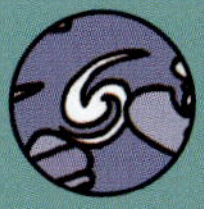

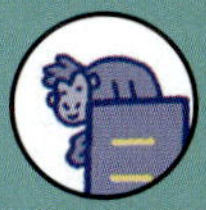

방사능 실험실

아인슈타인이 건물 안에 있어요. 그런데 친구들은 먼저 마리 퀴리가 방사능으로 실험하고 있는 과학 실험실을 지나가야 해요. 엑스레이를 조심하세요.

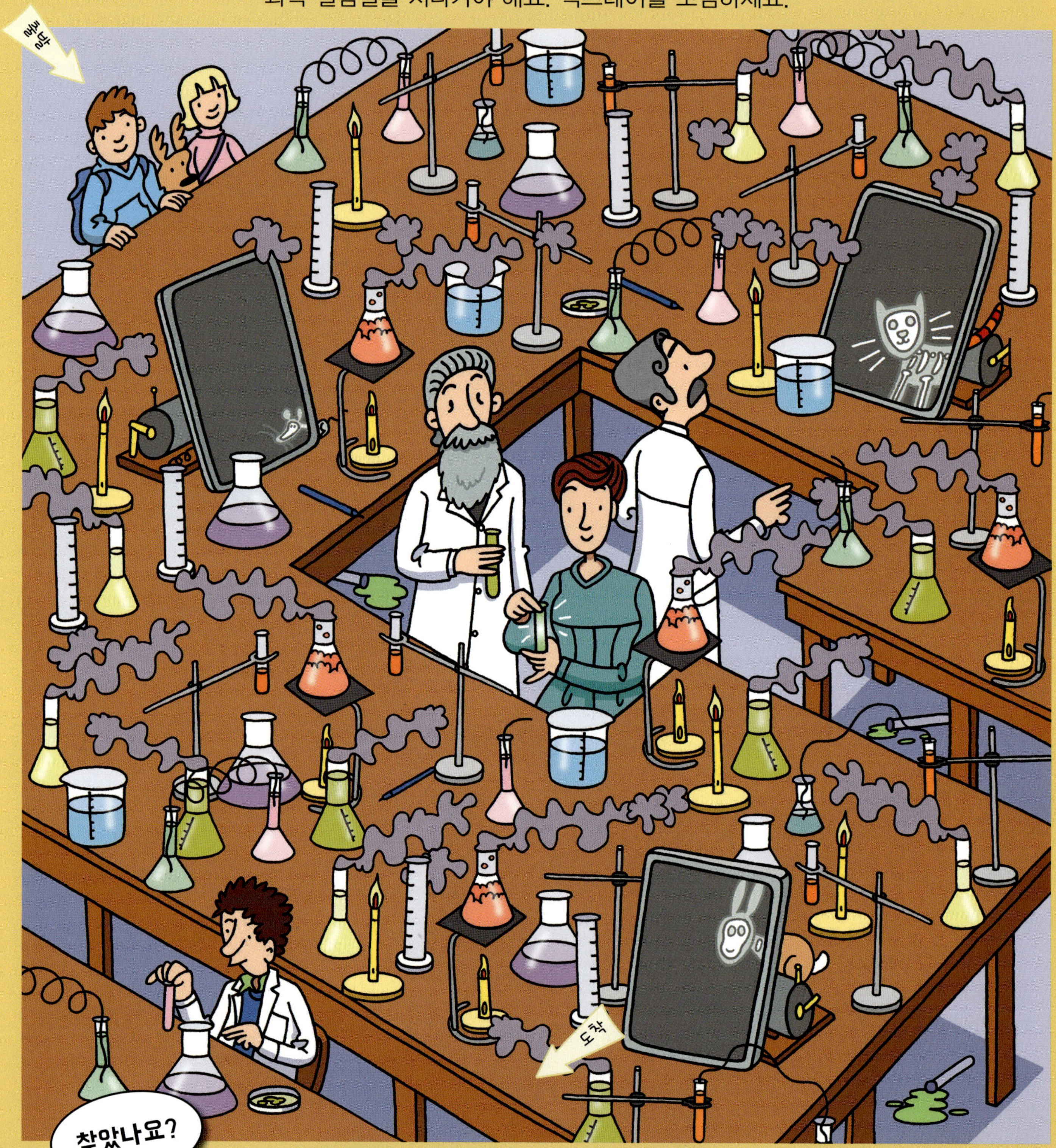

찾았나요?

배양 접시 2개

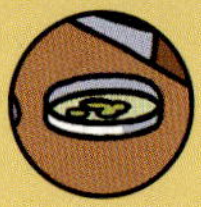

떨어진 시험관 3개

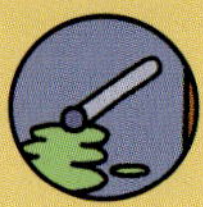

펜 3자루

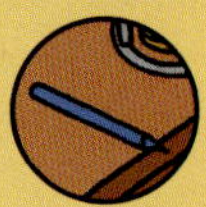

아인슈타인을 찾아서

아인슈타인 교수가 방금 강연을 마쳤어요. 친구들이 청중들 사이를 지나 아인슈타인을 만날 수 있게 도와주세요.

책
3권

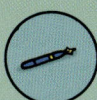

펜
3자루

길을 알려주다

아인슈타인은 무엇을 해야 할지 알아요! 친구들은 지금 현재로 다시 데려다줄 시간의 문이 있는 달로 가야만 해요. 달로 가는 길을 찾을 수 있게 도와주세요.

박쥐
2마리

올빼미
2마리

79

1965년

달을 향해 경주

우주복을 입은 친구들이 달을 향해 가고 있어요. 친구들은 달에 먼저 도착하려
안간힘을 쓰는 미국과 소련의 초고속 로켓들을 피해야 해요.

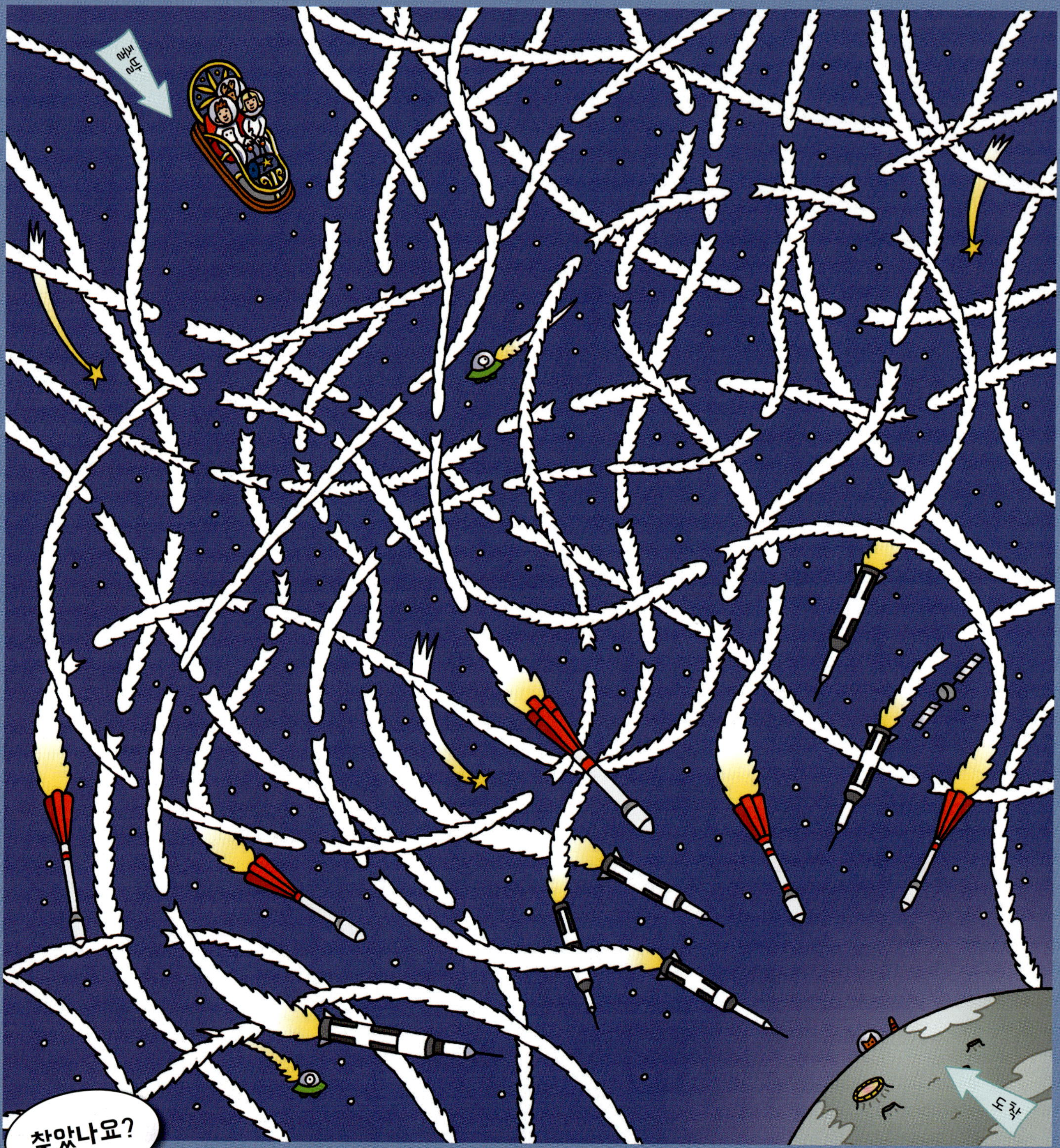

인공위성 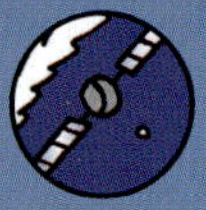   외계인 2명 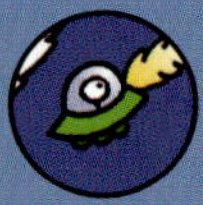   별똥별 3개

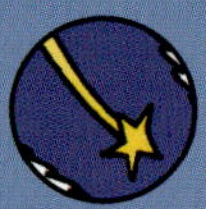

집으로 가는 길

친구들이 시간의 문에 도착했어요! 지금부터 친구들은 박물관으로 돌아가는 길을 찾아야 해요.
꼼꼼하게 잘 찾아보세요!

1965년

떨어진 헬멧   운석 2개   달에 사는 거미 2마리

찾았나요?

다시 돌아오다

드디어 현대로 돌아왔어요! 이제 타임머신을 상자에 다시 넣어야 해요. 친구들이 매우 낯익은 전시물들 사이로 타임머신을 밀고 가게 도와주세요.

찾았나요?

공룡 이빨 1개   깃펜 2개   사과 3개

82

축하 시간!

집에 갈 시간이에요. 맥스와 밀리, 모조는 위험한 길을 피해 타임머신을 저장실에 넣으려 해요.
친구들이 고생한 보람으로 아이스크림을 먹을 수 있게 출구로 나가는 길을 알려주세요!

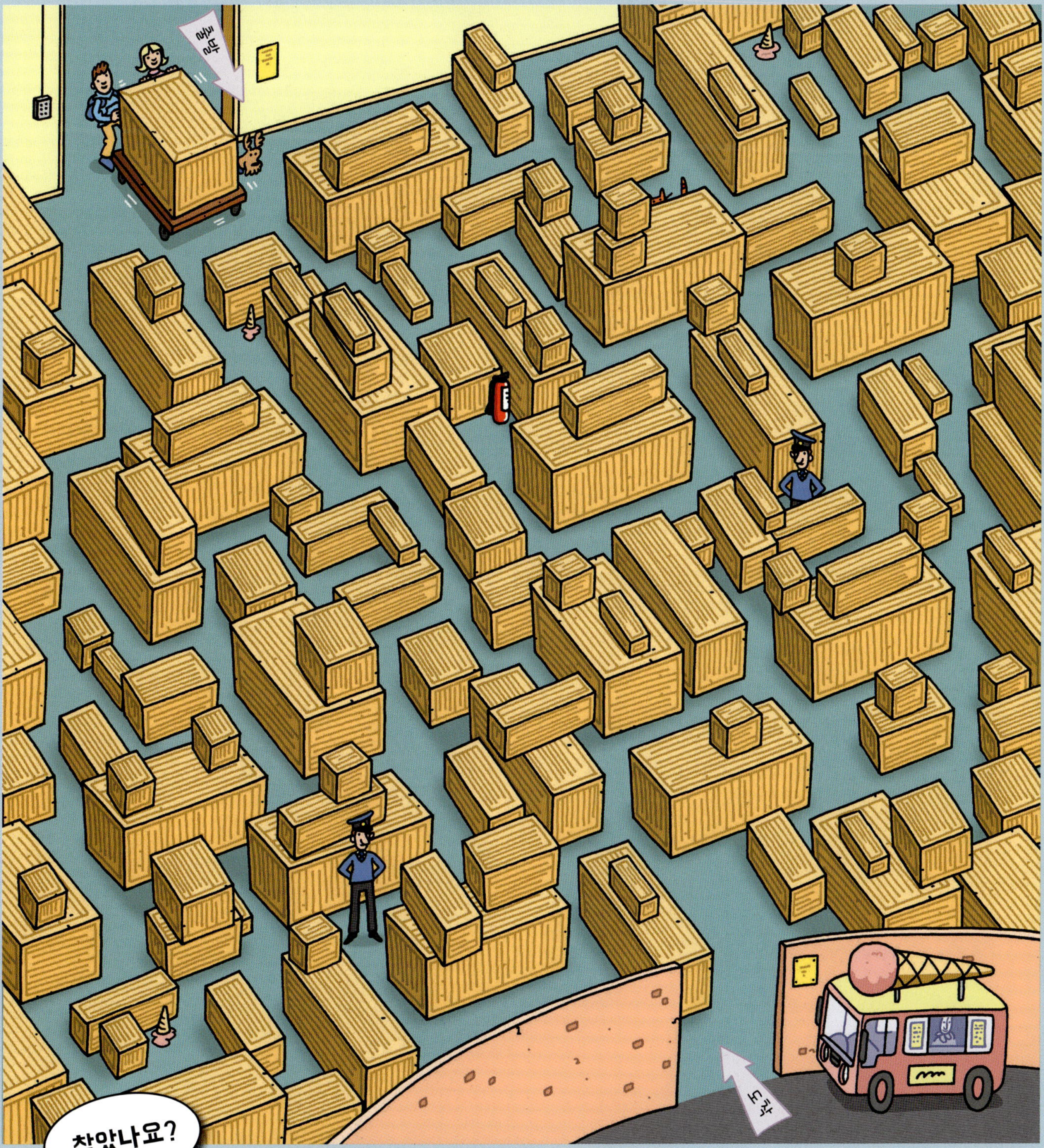

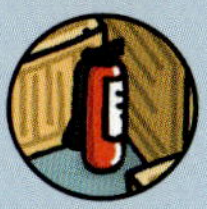

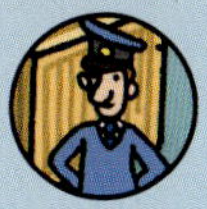

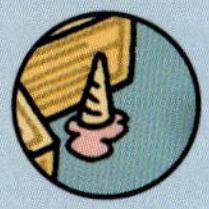

정답

5p

뒤죽박죽
박물관

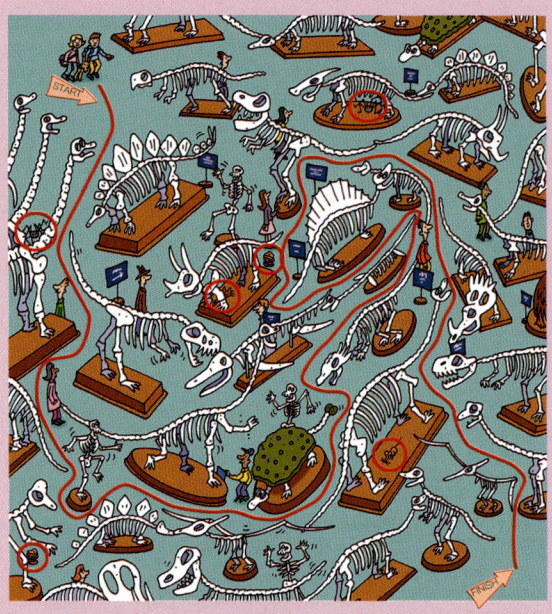

7p

시간 여행

6p

중세의
광기!

8p

타임머신

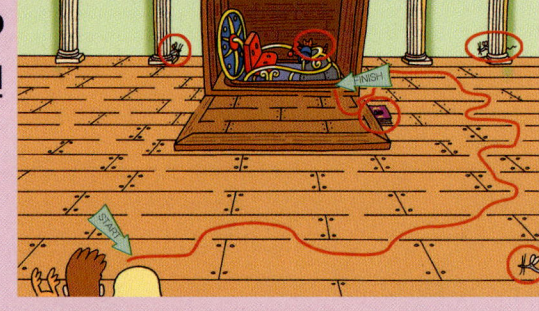

8p

조종하기

9p
거꾸로 가는
시간

13p
양치식물이
무성한 숲

10p
불시착

14p
풀을 뜯는
거구들

11p
미래 기술로
고치다

15p
우르르
몰려오다!

16p

공룡을
피해라

19p

동굴벽화

17p

진흙 목욕

20p

늘어선
거석들

18p

행진하는
매머드

21p

등고선
그리기

21p

농장에서

22p
강 아래로

26p
피라미드의
상형문자

23p
마을 생활

27p
춤추는 미라

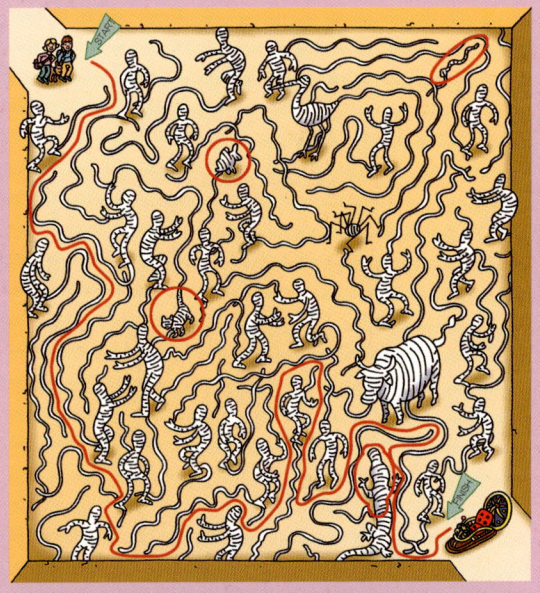

25p
파라오의 땅

28p
고대 올림픽

29p
제우스 신전

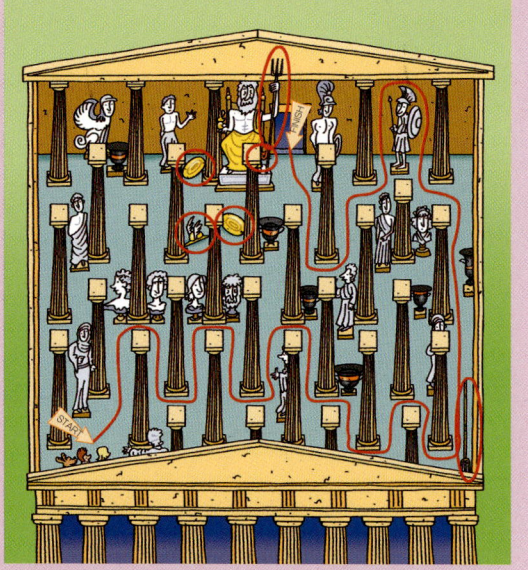

32p
고대 로마의
경기

30p
미궁 속으로

33p
실크로드

31p
로마 군단

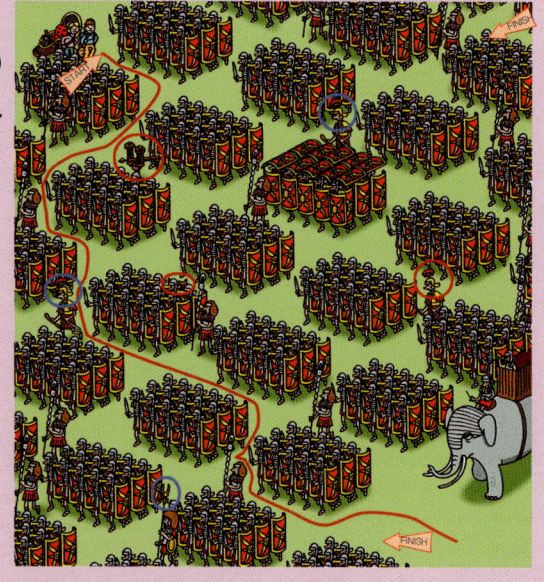

34p
길을 밝히는
등불

34p
그림자
인형극

35p
불꽃놀이

39p
칭기즈칸의
기마병

37p
바이킹의
습격

40p
물줄기
사이로
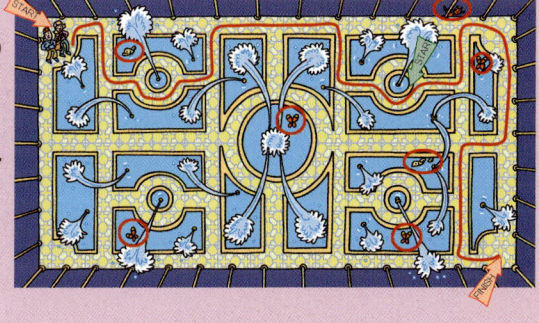

38p
날렵한 닌자

40p
아프리카
요새

41p
요새 도시

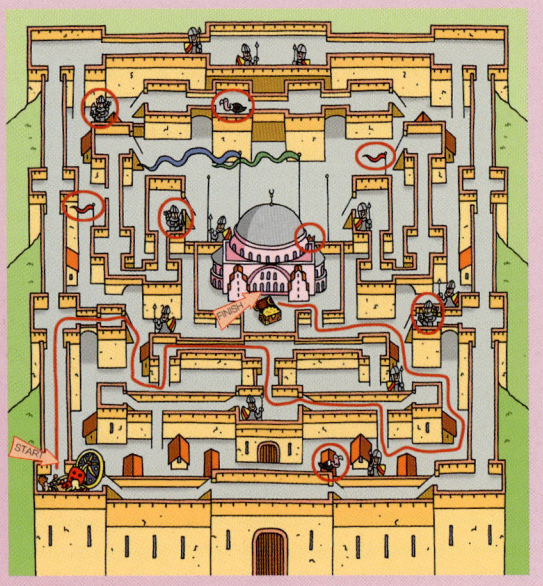

44p
중세 기사들의
마상시합

42p
예술 작품
습격

45p
햄프턴 코트
궁전 미로

43p
탑에 가다

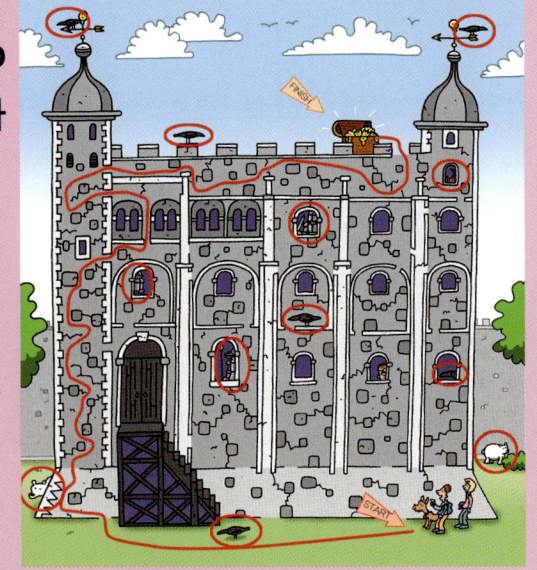

47p
커다란 머리
석상

48p
아즈텍의
도시

51p
토템 기둥

49p
공 넣기 시합

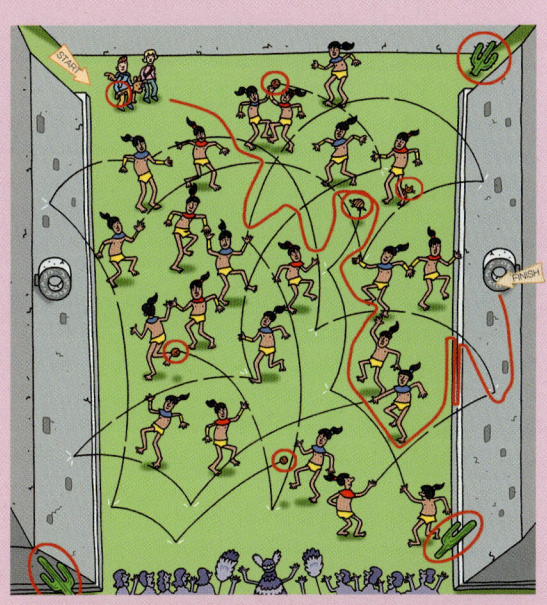

52p
잉카 족의
요새

50p
대초원 지대

53p
모두 배에
타요!

53p
바다에서
길을 잃다

57p
갈채를 받다

55p
시대를 앞서
가다

58p
툭 떨어지다

56p
피사의 사탑

59p
음악대
연주를 듣다

60p
놀라운 진실

62p
혁명!

61p
대통령의
환영

63p
나폴레옹의
군대

62p
궁전 여행

65p
하늘 위로

66p
산업 혁명

67p
증기기관에
올라

68p
수정궁
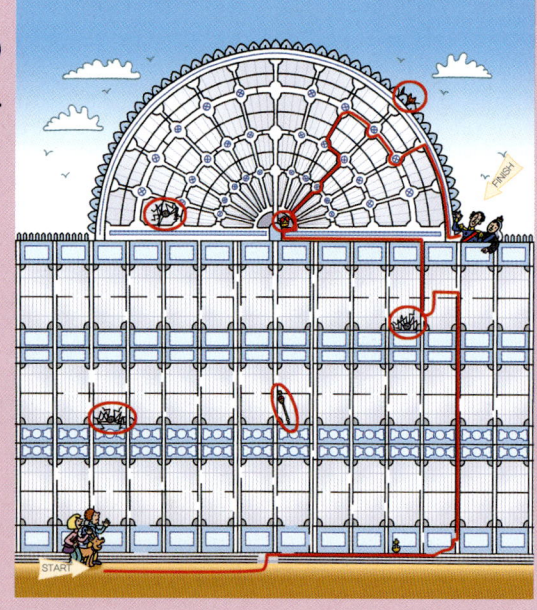

69p
수증기를
따라

69p
현수교

70p
증기선

71p
시동을
걸어라

94

72p
빛이 있어라

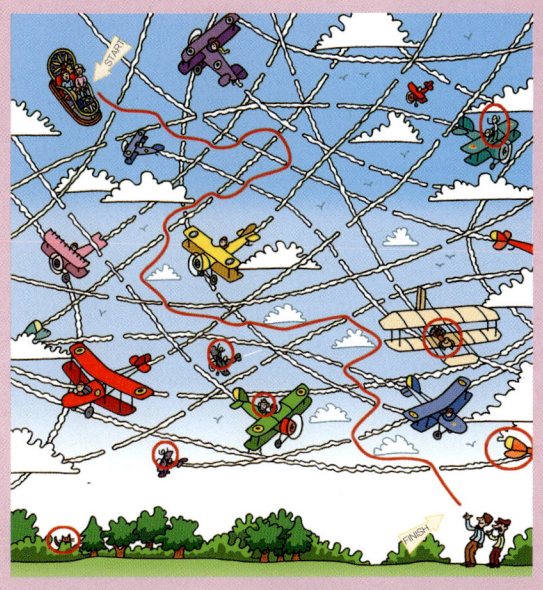

76p
정신없이
나는 비행기

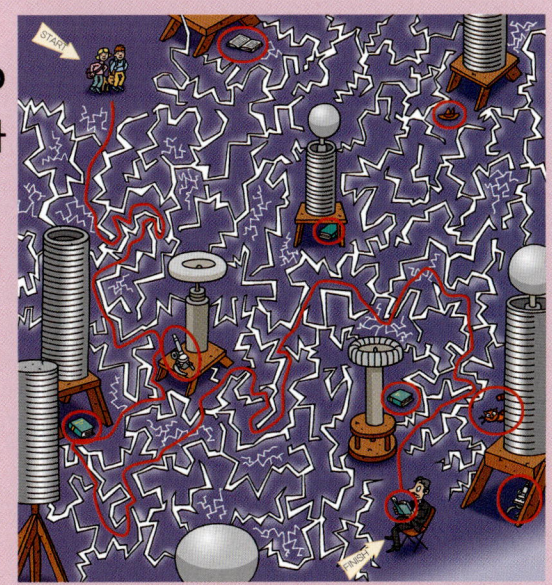

73p
전기의 대가

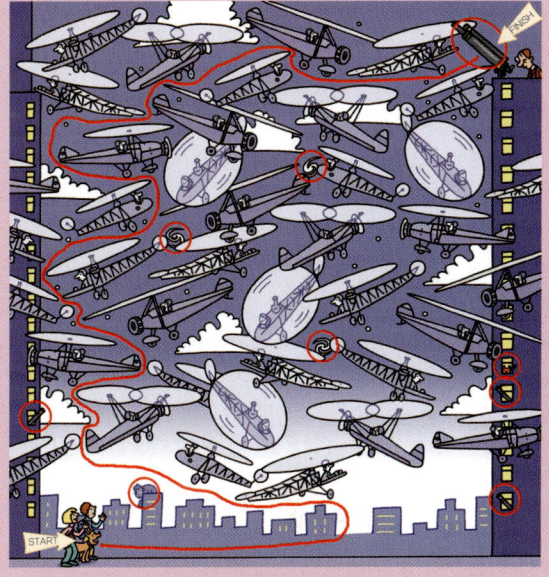

77p
헬리콥터
사이로

75p
비행선이
지나온 길

78p
방사능
실험실

79p
아인슈타인을
찾아서

79p
길을
알려주다

80p
달을 향해
경주
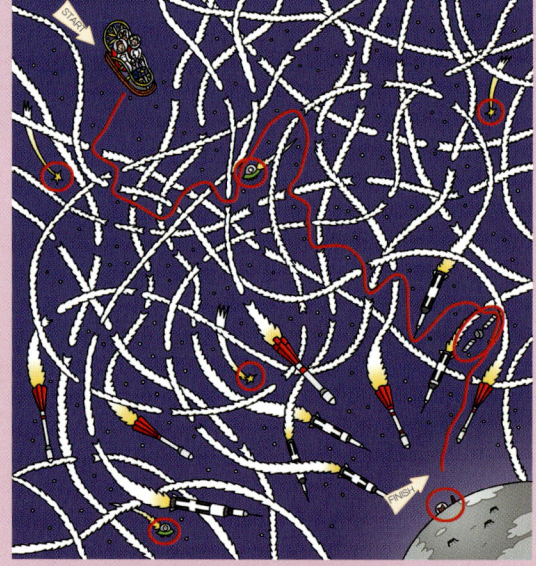

81p
집으로
가는 길

82p
다시
돌아오다

83p
축하 시간!